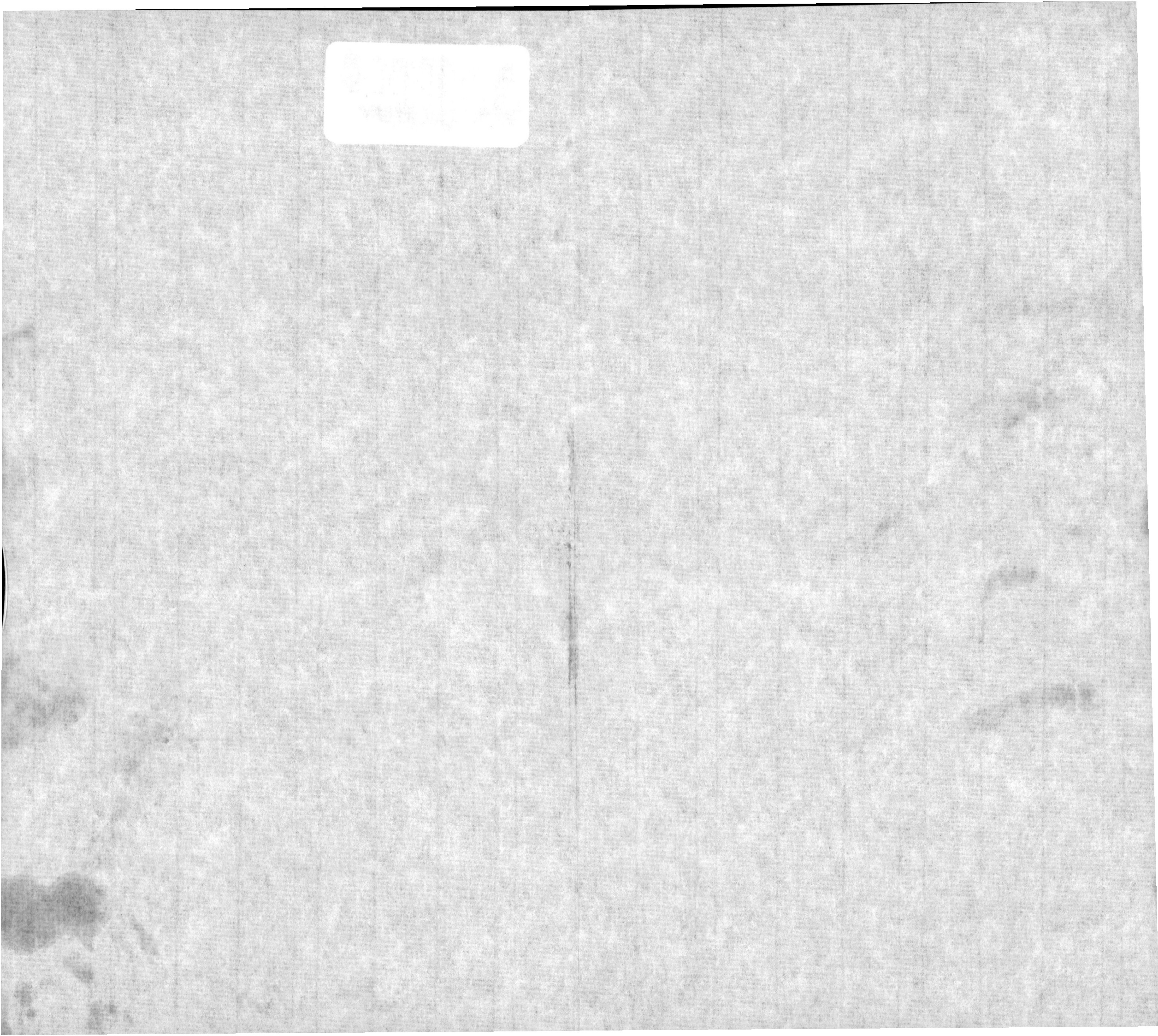

日下舊聞卷三十七

邊障下　昌鎮

薊昌先本一鎮嘉靖三十年始分爲二設提督都督一員護視陵寢防守邊關遂爲昌鎮　長安客話

黃花路東自慕田峪西至棗園砦延袤一百八十里隘口一十七渤海所下隘口七慕田峪關　永樂二年建　賈兒嶺口　嘉靖十五年建　田仙峪砦　永樂二年建　擦石口　嘉靖二十三年建　磨石口驢鞍嶺口　俱永樂三年建　大榛峪口　永樂年建　邊城八十一里半附墻臺四座空心敵臺四十四座黃花鎮下隘口十南冶口　永樂二年建　大長峪口小長峪口　俱永樂年建　本鎮口　嘉靖十七年建　鷂子峪口　嘉靖二十三年建　撞道口　永樂二年建　石湖峪口　正德八年建　西水峪口石城峪口棗園砦口　俱永樂年建　邊城五十五里半附墻臺二座空心敵臺二十九座戰臺四座因陵寢重地有警屯駐戰兵特設　四鎮三關志

由开連口十里至慕田谷關正關并迤西王家坨燈干嶺榨子埇劉家項分界墩胡思谷至界牌石止各墩空俱山形平漫外臨大川極衝又五里至賈兒嶺界牌石迤西安寧臺大管仲渠至德勝臺止內險外平牵馬可上餘通步又三里至田仙谷山險有溝一道置水關緩又十五里至擦石口山險有溝一道外通梨樹坨置有城濠可守又十里至磨石口惟二道關并東山墩空及水口衝要通馬其大安家坨迤西嵐兒谷各山險通步

又五里至驢鞍嶺內險外平又五里至大榛谷正關外通四海冶東谷阜箭石東山墩雪山墩俱通單騎餘山險稍緩又十里至南冶口通步又三里至大長谷堡山險通步又二十里至小長谷堡山形雖下外險止通步人五里至本鎮口頭道關其二道關通四海冶永騎三道關往西南道路寬漫通衆騎極衝又六里至鷂子谷堡墻外寬平通衆騎極衝其南北山墩二空皆山險通步又三里至撞道口內窪外阜受敵極衝其桃園東西墩空通步緩又二里至石湖谷山險不通騎又三里至西水谷外通永陵南山謊礮兒并韓家川通大舉極衝又二十五里至石城谷即榆林溝東西平安地方棗園砦二處係禁山多林木外通白龍潭可行單騎又五里

至棗園砦即驢兒圪迤東係禁山緩 三鎮邊務總要

慕田峪城三門守備一人守之自此以東皆單邊自此以西皆重邊也渤海守禦千戶所城三門距黃花鎮城三十里距昌平州一百里其西小長谷堡有鑛洞嘉靖三十六年封閉 昌平山水記

慕田谷在州東北百有五里其西南有城設官軍戍守萬曆初移渤海所于慕田谷關 方輿紀要

渤海新舊營城二座嘉靖二十七年建城有渤海倉 四鎮三關志

嘉靖中許論上言渤海所當山陵之北其間有蘇家口實爲阨塞之地自此直抵通州張家灣凡百十里由張家灣至通州北塞籬村四十里有白河水深沒馬可據

爲守惟塞籬村至蘇家口七十里地形平漫毎爲賊衝若𥩥築敵臺界之以墻使京師有重關之險策之得也從之 邊庭頌畫

關 長安客話

黃花鎮爲京師北門東則山海西則居庸共北隣四海冶極爲緊要之區故弘治中遣總制嚴蘭經畧東西諸黃花鎮以東歷𥩥雲馬蘭太平燕河屬于山海謂之東關以西歷居庸白羊紫荆倒馬屬于龍泉謂之西關 方輿勝畧

黃花鎮距州北八十里城三門元史黃花鎮千戸所於昌平縣東口置司者也以參將一人守備一人守之景泰中又設內官守備嘉靖四十年葺鎮城直天壽山之

後當居庸古北二關之中而北連四海冶昔人所謂擁護山陵勢若肩背者其水曰黃花鎮川河出塞外自二道關入口逕渤海所懷柔至順義界入白河其流九曲俗謂之九渡河城北有碧霞元君廟其殿西有二松相去四五尺而上枝樛曲相穿遂合爲一名曰交松城西有垣一重曰頭道關再重曰二道關 昌平山水記

黃花鎮城一座景泰四年建城有黃花倉 四鎮三關志

章士雅黃花鎮詩萬里黃雲百二關九陵烟樹接羣山王庭遠徙邊塵淨征馬蕭蕭白日閒 長安客話

居庸關洪武元年大將軍徐達建城跨兩山周一十三里高四丈二尺關東自西水峪口黃花鎮界九十里西至鎮邊城堅子谷口紫荆關界一百二十里南至榆河

驛宛平縣界六十里北至土木驛宣府界一百二十里

四鎮三關志

何謂九塞大汾冥阨荆阮方城殽井陘令疵句注居庸

呂覽 淮南子同大作太冥作澠殽下有坂字

居庸在上谷沮陽之東通軍都關 淮南子注

關在沮陽城東南六十里居庸界故關名矣使者入上谷耿況迎之于居庸關即是關也其水導源關山南流歷故關下谿之東岸有石室三層其戸牖扇扉悉石也蓋古關之候臺矣南則絶谷累石爲關垣崇墉峻壁非輕功可舉山岫層深側道褊狹林障據險路才容軌曉禽暮獸寒鳴相和羇官遊子聆之者莫不傷思矣其水歷山南逕軍都縣界又謂之軍都關續漢書曰尚書盧植隱上谷軍都山也其水南流出關謂之下口水流潜伏十許里是也 水經注

漢志有軍都居庸兩縣蓋縣各有關按蘇林注但言居庸有關而軍都則否蓋北魏時曾分置兩關爾 通鑑注

晉咸康六年慕容皝帥諸軍入蠮螉塞直抵薊城永和六年慕容儁使慕容霸將兵二萬自東道出徒河慕輿于自西道出蠮螉塞又太元十年慕容垂遣慕容農出蠮螉塞蠮螉即居庸音轉耳 方輿紀要

北齊改居庸關爲納欵關 通典

幽州昌平縣西北三十五里有納欵關即居庸故關亦謂之軍都關古夏陽川也 新唐書志

嬀州懷戎縣東南五十里有居庸塞東連盧龍碣石西

屬太行常山實天下之險 同上

居庸關亦名薊門關 十道志

幽州昌平縣北十五里有軍都陘 通鑑注

會昌五年詔毀天下佛寺并勅僧尼歸俗五臺僧多奔幽州李德裕以責幽州帥張仲武仲武封二刀付居庸關曰有遊僧入境則斬之 通鑑

太行山南自河陽懷縣迤瀍北出直至燕北無有間斷此其爲山不同他地葢數千百里自麓至脊皆險峻不可登越獨有八處粗通微徑名之曰陘居庸關者其最北之第八陘也此陘東西橫亘五十里而中間通行之地才濶五步 北邊備對

李英上書高琪曰中都之有居庸猶秦之崤函蜀之劍門也 金史本傳

關在昌平西北四十里元翰林學士王惲謂始皇築長城居息庸徒于此故以名焉 呆齋稿

居庸亦謂之冷陘 問次齋稿

居庸關南口有城南北二門魏書謂之下口常景傳都督元譚據居庸下口是也北齊書謂之夏口文宣紀天保六年築長城自幽州北夏口至恒州九百餘里是也元史謂之南口亦謂之西關三國志田疇乃上西關出塞傍北山直趨朔方是也亦謂之軍都關漢立軍都縣于山之南今州東四十里有軍都村後漢盧植隱居昌平軍都山中昭烈修弟子禮事之晉段匹磾欲擁其衆徙保上谷阻軍都之險以拒末波魏道武伐燕遣將軍

封真等從東道出軍都襲幽州是也亦謂之渾都史記絳侯周勃世家居渾都是也亦謂之納欵關通典古居庸關在昌平縣西北齊改爲納欵是也自南口而上兩山之間一水流焉而道出其上十五里爲關城跨水築之有南北二門以叅將一人通判一人掌印指揮一人守之又設廵關御史一人往來居庸紫荆二關按視焉城之中有過街塔臨南北大路累石爲臺如譙樓而窾其下以通車馬上有寺名曰泰安正統十二年賜名下窾處刻佛像及經有漢字亦有畨字元泰定三年所鐫也葛邏祿廼賢詩序言關北五里有勑建永明寶相寺宮殿甚壯麗三塔跨于通衢車騎皆過其下今盡亡其二矣又八里爲上關有小城南北二門 昌平山水記

居庸關跨南北而夾兩山水旁崖流徐中山壘石爲城作京師北門特建衛學叅將分守而八達嶺南北咽喉於是移居庸把總畨營房以居之 經世挈要

南口門堡城一座上關城一座俱永樂二年建 四鎮三關志

建武十五年徙鴈門代郡上谷三郡民置常山居庸關以東 後漢書光武帝紀

安帝元初五年冬鮮卑入上谷攻居庸關建光元年復寇居庸 後漢書鮮卑傳

劉虞與官屬北奔居庸 後漢書本傳

公孫瓚攻拔居庸生擒劉虞 後漢書本傳

田疇自選家客二十騎上西關出塞傍北山直趨朔方

三國志

西關即居庸關 通鑑注

晉惠帝元康四年居庸地裂廣三十六丈長八十四丈水出 晉書五行志

常景遣府錄事參軍裴智成發范陽三長之兵以守白㟹都督元譚據居庸下口俄而安州石離冗城斛鹽三戍兵反結杜雒周有衆三萬餘落自松岍赴賊譚勒別將崔仲哲等截軍都關以待之仲哲戰沒雒周又自外應之腹背受敵譚遂大敗 魏書

則天時侍御史桓彥範受詔于河北斷塞居庸岳嶺五廻等路以備突厥 舊唐書

張仲武討幽州遣軍吏吳仲舒奏狀言幽州糧食皆在媯州及北邊七鎮萬一未能入則據居庸關絕其糧道幽州自困矣 通鑑

乾寧元年二月河東兵敗燕軍于居庸李匡籌挈其族遁去 舊唐書

符存審從晉王擊李匡籌爲前鋒破居庸關 五代史

幽州西北居庸關又西北石門關關路崖狹一夫可以當百此中國控扼契丹之險也 陷蕃記

遼神冊二年三月太祖攻幽州節度使周德威以兵拒于居庸關之西 遼史太祖紀

乾亨間燕京留守司請弛居庸關稅以通山西糴易 遼史食貨志

保大二年春正月上出居庸關至鴛鴦濼十一月蕭德

妃五表于金求立秦王不許以勁兵守居庸及金兵臨關匿石自崩戍卒多壓死不戰而潰 遼史天祚帝紀

金天輔六年十二月上伐燕京次居庸關遼統軍都監高六等來送欵 金史太祖紀

粘罕攻居庸關慮居庸難取遂分兵由紫荆口金坡關攻易州及出奇取鳳山沿皇太妃嶺以寇昌平縣既至昌平則反顧居庸矣于是居庸亦潰金人遂入居庸 大金國志

金太祖取燕京婆盧火爲左翼兵出居庸關大敗遼兵遂取居庸蕭妃遁去 金史本傳

木華黎攻居庸關壁堅不得入 元史本傳

元太祖六年九月拔德興府居庸關守將遁去遮別遂入關抵中都八年克宣德府遂攻德興府拔之帝進至懷來及金行省完顏綱元帥高琪戰敗之遂至北口金兵保居庸詔可忒薄刹守之契丹訛魯不兒等獻北口遮別遂取居庸與可忒薄刹會 元史太祖紀

至元十七年五月辛丑朔命樞密院調兵六百人守居庸南北口 元史世祖紀 兵志同

至大四年樞密院奏居庸關古道四十有三軍吏防守之處僅十有三舊置千戶位輕責重請置隆鎮萬戶府俾嚴守備制曰可 元史仁宗紀

泰定三年五月遣指揮使元都蠻鐫西番咒語於居庸關崖石 元史泰定帝紀

致和元年八月乙未調諸衛兵守居庸關及盧兒嶺丁

未撒敦守居庸關九月庚申朔燕鐵木兒督師居庸關遣撒敦以兵襲上都兵于榆林擊敗之追至懷來而還今岔道西二十五里有榆林堡乙亥上都王禪兵襲破居庸關將士皆潰燕鐵木兒軍次三河丙子王禪游兵至大口燕鐵木兒還軍次榆河今昌平州南二十五里榆河店帝出齊化門視師戊寅燕鐵木兒與王禪前軍戰于榆河敗之追奔至紅橋北又敗之我師據紅橋今昌平州西南二十五里紅橋村辛巳大戰白浮之野今昌平州東南八里白浮村燕鐵木兒手刄七人於陣敗之癸未王禪收集散亡復來戰我師列陣白浮之西至夜撒敦脫脫木兒前後夾攻敗走之追及于昌平北斬首數千級居庸關壘石以爲固元史文宗紀

至正十九年子規啼於居庸關瓊臺會稿

三月辛巳樞密副使朶兒只以賊犯順寧命鴉鶻由北口出迎敵二十四年三月壬寅秃堅鐵木兒兵入居庸關癸卯知樞密院事也速詹事不蘭奚逆戰于皇后店七月丙戌孛羅帖木兒前鋒軍入居庸關皇太子親率軍禦于清河也速軍于昌平軍士皆無鬭志皇太子馳還都城元史順帝紀

北口千戶所于上都路龍慶州東口置司南口千戶所于大都路昌平縣居庸關置司元史百官志

隆鎮衛睿宗在潛邸嘗于居庸關立南北口屯軍徼巡盜賊各設千戶所至元二十五年以南北口上千戶所總領之至大四年改千戶所爲萬戶府分欽察唐兀貴

赤西域左右阿速諸衛軍三千人并南口大和嶺舊監漢軍六百九十三人屯駐東西四十三處立十千戶所置隆鎮上萬戶府以統之皇慶元年始改爲隆鎮衛親軍都指揮使司延祐二年又以哈兒魯軍千戶所隸焉至治元年置蒙古漢軍籍 元史兵志

睿宗過中都出北口住夏于官山 元史本傳

劉正分省上都會諸王昔里吉叛至居庸關守者告前有警急使姑退正曰職當進而弗往後至者益怯矣馳出關 元史本傳

金人恃居庸之塞冶鐵錮關門布鐵蒺藜百餘里守以精銳札八兒既還報太祖遂進師距關百里不能前召札八兒問計對曰從此而北黑樹林中有間道騎行可一人臣向嘗過之若勒兵銜枚以出終夕可至太祖乃令札八兒輕騎前導自暮入谷黎明諸軍已在平地疾趨南口金鼓之聲若自天下金人猶睡未知也比驚起已莫能支關既破中都大震 元史列傳

金人起遼東顧西拔大同由居庸入遼人起遼左亦由宣大入于居庸元人起和林於開平甚邇亦不由古北諸路乃南取宣大由紫荆入而南攻居庸破之 全邊畧記

靖難兵起燕王曰居庸關路狹而險北平之襟喉也百人守之萬夫莫窺必據此乃無北顧憂永樂二年置衛領千戶所五以爲京師北面之固 方輿紀要

宣德三年八月命行在工部侍郎許廓修居庸關城及

景泰六年六月修居庸關城畢工命工部造碑翰林院撰文刻置關上英宗實錄

成化七年三月兵科給事中秦崇上言居庸等關朝廷之北門東抵山海西抵雁門山勢雖曰斗峻而可通行之路亦多所司因循怠惰礌木砲石軍器類不具備夫富家亦高築墻垣以防寇盜況國都藩籬而可廢弛乎上勑巡關御史修治憲宗實錄

高適奉使入居庸作匹馬行將夕征途去轉難不知邊地別祇訝客衣單溪冷泉聲苦山空木葉乾莫言關塞極雨雪尚漫漫高常侍集

宇文虛中過居庸關詩奔峭從天坼懸流赴壑清路迴穿石細崖裂與藤爭花已從南發人今又北行節旄都落盡奔走媿平生中州集

蔡珪出居庸作亂石妨車轂深沙困馬蹄天分斗南北人間日東西側腳柴荆短平頭土舍低山花兩三樹笑殺武陵溪同上

劉迎南口作危峯張屏幛峻壁開戶牖崩騰來陣馬虛籟競呼吼深紆變風日高亢捫星斗帝居望北闕村落當南口軍都漢時縣遺跡奄存否中郎讀書處亭構想摧朽誰云用武地經訓乃淵藪我家膠東湄樸學嘆白首居隣通德里况此見師友慙無書帶草采采爲盈手何以醉先生清溪緣如酒山林長語

郝經居庸行驚風吹沙暮天黃死焰燎日横天狼巉巉鐵穴六十里塞口一噴來水霜導騎局脊銜尾前氈車轣轆半側箱彈箏峽道水復凍居庸關頭是羊腸横拉恒代西太行倒卷渤海東扶桑幽都郤在南口南截斷北陸萬古彊當時金源帝中華建瓴形勢臨八方誰知末年亂紀綱不使崇慶如明昌陰山火起飛鷙龍背負斗極開洪荒且將尺箠定天下匹馬到處皆吾疆百年一僨老虎走室怒市危還猖狂遽令逆血灑玉殿六宫飲泣無天王清夷門折黑風吼賊臣一夜掣鎖降北王淀裏骨成山官軍城上不敢望更獻監牧四十萬舉國南渡尤倉皇中原無人不足取高歌曳落歸帝鄉但留一旅時往來不過數歲

終滅亡潼關不守國無民便作龜茲能久長汴梁無用築子城試看昌州三道墻 陵川集

馬祖常度居庸關詩飛鞚陟雲巘央背盡圖畫天氣吹高寒山雨洒長夏冥冥白鳥去寂寂松子下陸行石當塗水春泉繞舍高與蜀道齊深乃盤谷亞筍輿約重來羸馬苦常跨朋從詠連疊酬應給閒暇得見王子喬吾將驂鶴駕 石田集

陳孚居庸關詩車稜稜石确确車聲彭彭鬭石角馬蹄蹴石石欲落不知何年鬼斧鑿僅與青天通一握上有藤束萬仭之厓下有泉歕千丈之壑太行羊腸蜀劍閣身熱頭痛縣度索一夫當關萬夫郤未必有此奇巘崿吾皇神聖混地絡烽火不紅停夜柝但有

地險今猶昨我扶瘦節立倦腳欲抑往事雲漠漠平沙風起鳴凍雀觀光集

又居庸疊翠詩斷崖萬仞如削鐵鳥飛不度山石裂差峩老樹無碧柯六月太陰飛急雪寒沙茫茫出關道駱駝夜吼黃雲老征鴻一聲起長空風吹草低山月小同上

元明善過居庸詩一山萬里限中原神鑿居庸百二川峰勢陡回愁障日地形高出欲捫天風沙漠漠龍庭遠雲物沉沉鳥道穿眼底興亡誰解寫石琴秋水學冰絃清河集

貢奎居庸關詩居庸關高五十里壁立兩厓雄對峙廻峰作勢遮欲斷百曲盤旋如磨蟻陰風白晝吹颶

飀亂石當蹊泉嚙齒道狹纔通車一兩貫尾鉤連行不止我從北來識此險巫峽鑱天差可擬但願平生足游覽何用藏書巖穴裏馬鳴關度日未斜黃鵠遠翅征雲起安得有酒令我歌如城之愁今已矣雲林集

揭傒斯居庸行昔望居庸南今出居庸北巖巒爭呑吐風水清且激逶迤數千里曲折殊未息關門西向當天開馬如流水車如雷荒雞一鳴關吏起列宿慘淡雲徘徊山盤盤石圍圍狀如龍勢如虎龍怒欲騰虎欲舞太行劍戟猶如許昔不容單車今馬列十五聖人有道關門開關門開千萬古秋宜集

薩都剌至順癸酉過居庸關詩居庸關山蒼蒼關南

暑多關北京天門曉開虎豹臥石皷晝擊雲雷張關門鑄鐵半空倚古來幾度壯士死草根白骨棄不收冷雨陰風泣山鬼道傍老翁八十餘短衣白髮扶犁鉏路人立馬問前事猶能歷歷言丘墟夜來鋤豆得戈鐵雨蝕風吹失顏色鐵腥惟帶土花青猶是將軍戰時血前年人復鐵作門貔貅萬竈如雲屯生存有功掛玉印死者誰復招孤魂居庸關何崢嶸上天何不呼六丁驅之海外休甲兵男耕女織天下平千古萬古無戰爭 薩天錫詩集

黃溍居庸關詩連山東北趨中斷忽如鑿萬古爭一門天險不可薄聖人大無外善閉非樓鑰車行巳方軌關吏徒擊柝居民動成市廬井互聯絡幽龕白雲聚石磴清泉落地雖臨要衝俗乃近淳朴政須記桃源不必銘劍閣僕夫跽謂我無爲久淹泊山川豈不好但恐風雨惡 黃文獻公集

柳貫度居庸關作居庸朔方塞始入兩崖張行行轉石角細路縈澗岡層壑倒天影半林漏晨光崎嶔里四十所歷萬羊腸千轅絡前後兩軌通中央谷開稍尸曠在險獲康莊豈惟遂生聚列壘森雁行微流或磯礓架广亦僧坊我生山水窟愛此不能忘是日新雨歇浮嵐亂沾裳水聲與石鬬風飄韻清商蹋響不知高浮雲翼超驟考牒囊有聞經途今始詳緬惟古塞北八州猶漢疆控扼識形勢會同知樂康屬茲景運開六服連綏荒兩京備巡幸離宮岌相望守岳特

考制如初匪求祥式贍龍德中足徵王業昌請繼王會圖勿賡祈招章 柳文肅公集

周伯琦入居庸關作出關復入關五見月上弦草木雖未霜寒風已凄然厓路何縈紆叠嶂横中天上有太古石下有無底泉幽致良足嘉萬雷奈喧闐馴象寶轡鳴紫駝錦幪鮮鐵騎簇雲隊黄屋循星躔時廵謐風俗執法恭後先達官國同體扳宅如升仙細民終歲勞輸轉日憂煎苦樂殊雲泥使我中心悁偶經巖谷勝復憶江湖壖憑高望白雲楚天浩無邊王師未休息敢賦歸來篇 近光集

吳師道居庸關詩神京望西北連山欝崔嵬百里達關下兩崖忽中開林扉逓掩映磴道隨縈廻豈知古燕塞祇似越與台夙聞彈琴峽澗響逾清哀行行未及遠秋風漲黄埃翠華屆榆林丞相前驅來疾還憚廹險顧贍復徘徊惟天設限蔽萬古何雄哉撫迹思往代鍵鑰每自摧皇衢坦蕩蕩來往無驚猜鑾車正聯絡怒轍奔春雷前趨見行殿迤峙積雪堆騰凌萬馬騎暮繞龍虎臺愚生一何幸獲忝儒臣陪憑高未成賦瑣瑣嗟微才 吳禮部集

王士熙竹枝詞居庸山前澗水多白榆林下石坡陁後來纔度槍杆嶺前車昨日到灤河宫裝騕褭錦障泥百輛鑾車一字齊夜宿巖前覓泉水林中還有子規啼 皇元風雅

薛元卿大駕度居庸關作居庸雄據萬重山南北門

分作漢關皷角動時森虎衛旌旗行處識龍顏禪宮路轉風烟合御苑春深草樹閒待得長楊園獵罷又隨車騎此中還 文翰類選

釋梵琦居庸關詩天畔浮雲雲外峰北遊奇險見居庸力排劍戟三千士門掩山河百二重渠荅自今收戰馬兕鈴無復置邊烽上都避暑頻來往魚鳥猶能識袞龍 北遊集

李繼本過居庸作歲暮候風淒淒車中行客胡不歸一車南一車北南來北去何時息車行欲近關上頭鞭牛不前吁可愁須臾摧挽在平地車中兒女歡且謳裋褐蕭蕭風雪裏山徑荒寒多虎兕呼兒取火供曉炊瓦鐺黍米和沙煑黃昏露宿官道傍茅店雞鳴

載行李殷勤起謝車中人萬嶺千山多苦辛嚴風吹雪皮欲裂一身只有筋骨存安得筋骨化為山下土填卻千山萬山無險阻長使行人免愁苦 昌平舊志

胡儼望居庸詞望京都兮穹窿雄關峙兮居庸蒼翠兮濛茸紛苒苒兮夌風城巍巍兮兩山臨玉塞兮高寒車轔轔兮結駟風蕭蕭兮木葉般淙懸崖兮珊珊怳鳴琴兮清彈聞仙人兮昔降遺玉枕兮不刋皇風暢兮八極見堠火兮滅熄歌四海兮寧一 胡祭酒集

王英居庸關詩千峰高處起層城空裏岧嶢積翠明雲靜芙蓉開霽色天晴皷角散秋聲北連紫塞烽烟斷南接金臺驛路平此地由來稱設險萬年形勢壯神京 泉坡集

鄭珞居庸關徐將軍席上作關入居庸險城臨北斗懸龍琴調宴樂虎帳集群賢爽氣來山雨秋聲激峽泉醉餘望雙闕遥倚五雲邊 訥庵集

袁忠徹出居庸關作居庸之關何壯哉懸厓峭壁高崔嵬乃知造化鍾神秀㸃削芙蓉天際開是時鑾輿北巡狩百萬貔貅度關口旌旗翻風曉日寒千官扈蹕森前後此關自昔能摧車十步九折羊腸紆登危歷險足躑躅以手撫膺長歎吁囘首群峯列其下怪石嶄嵒如立馬蒼蚪偃蹇老松盤銀漢砯砰飛瀑瀉凜然霜氣侵骨毛五月堅冰猶未消星辰咫尺疑可摘耳邊靈籟聞嘈嘈漫傳天設分南北四海當今同轍迹草木均沾雨露恩環護黃圖永無極 袁尚寶集

張寧居庸感事詩羽書昨夜報居庸百萬雄師下九重天子垂衣臨大漠群臣端笏扈元戎禁中巳乏囘天策閫外誰成闢地功千古澶淵扶日馭令人常憶寇萊公 方洲集

許天錫居庸關詩天設居庸險乾坤此北門山川通上郡形勢冠中原鐵騎連三戍金城廹九閽萬方資阨塞永荷太平恩 許黃門集

邊貢居庸二首塞口重關愜素聞壑烟嵐雨鎮絪縕雄吞巨海山形斷秀壓中原地脈分鎖鑰還思寇丞相長城不用李將軍倚牕時送東南目雙闕蓬萊五色雲山雲冉冉石垂垂公暇焚香晚對宜窺牖亂峯青似戟古城孤澗白於絲人家高下緣谿見風氣寒

暄入塞知憑語抱關休偃仰雲中日夜羽書馳華泉
集
李夢陽詩天設居庸百二關祁連更隔萬重山不知
誰放呼延入昨日楊河大戰還空同集
熊卓居庸館中作臨地關門擁山樓皷角傳長風吹
不歇塞草自年年又出居庸關作沙上望行人日暮
愁心絶江南四時春邊地五月雪東溪集
王諲登居庸上關詩盤石仍高處微茫鳥道分花齊
春暈日山遠谷吞雲草宿除猶蔓鶯還去更聞不能
離世事直欲醉朝曛彭衙集
李默居庸關詩山堂石塹轉嵯岈鐵障稜稜勢欲叉
細柳屯三輔甲材官盡出五侯家重城月閉邊聲

黷間道林歸獵騎譁多少雄圖總堙滅戰場空倚夕
陽斜羣玉樓稾
周金居庸關和元陳剛中韻亂石懸厓色如鐵西風
吹裳裳欲裂側身北望涕沾襟回首蕭騷鬓成雪鴛
駒伏櫪何足道李廣馮唐一時老山空木落不見人
惟有中庭月輪小上谷稾
王慎中望居庸關詩設險真誇六郡雄天山九塞有
居庸歷連白馬懸邊月塞壓黃花起朔風未有提書
傳大內尙聞獵火照雲中北平飛將今誰是已見東
南杼柚空遵巖集
李宗樞度居庸關詩峻壁含雲迴飛湍接澗迴虛聞
三峽險疑是五丁開荒樹分天宇驚沙暗戍臺祇慚

持節使不是棄繻來 明詩綜

蘇祐過居庸關詩北門天險設居庸嫋嫋千旌疊翠中口轉雙泉猶望闕嶺盤八達已臨戎霜淸戍逼黃花鎮日近雲浮紫極宮聖代車書眞混一寄言諸將漫論功 穀原集

劉侃居庸晚眺詩別館岧嶢一注顏天空木葉繞重關千峰嵐氣靑霄上九折泉聲翠壁間瀚海旌旗無日罷王門車馬幾人還皇州咫尺浮雲隔明發崢嶸何處攀 新陽館集

應雲鸑入居庸詩百二眞天府乾坤別一家雙泉縈鳳闕疊翠枕龍沙戍鼓逢空出入烟雨岸斜請纓誰氏子搔首惜年華 明詩綜

徐渭居庸關詩少年曾負請纓雄轉眼靑袍萬事空今日獨餘霜鬢在一肩輿坐度居庸 徐文長集

公鼐居庸關詩太行來萬里天險冷陘西銀海圖弓劍金城列鼓鼙近關烟火盛絕幕塞塵低想像犁庭日憂時意轉迷 問次齋稿

馮琦詩五年不出居庸道今日重來感舊遊紫氣逢瞻龍虎地靑山近接鳳凰樓平臨星斗三千丈下瞰燕雲十六州但使此關長鎮靜不煩仗策取封侯 北海集

陳子龍詩險到居庸地脈分何須長戍羽林軍關門夜抱千峰月陵墓春生五色雲 緗眞館稿

郝經居庸關銘居庸關在幽州之北最爲深阻號天

下四塞之一大山中斷兩巖峽束石路盤腸縈帶隙鏬南曰南口北曰北口滴瀝濺漫常爲氷霰滑濕濡灑側輪跐足殆六十里石穴及出北口則左轉上谷之右並長嶺而西陰烟枯沙遺鏃朽骨悽風慘日自爲一天中原能守則爲陽國北門中原失守則爲陰國南門故自漢唐遼金以來嘗宿重兵以謹管鑰中統元年皇帝即位于開平則駐蹕之南門又將定都于燕都則京師之北門而屯壁荒圯恐起狡焉故作銘畀燕京道宣慰府使勒石關上且表請置兵以爲設險守國之戒云銘曰國宅天都高寒之區居庸其樞兮遼右古北陰幽沙磧控帶扼狐兮山連嶺重鍵閉深雄巍巍帝居兮伊昔挈鎖金源敗破遂爲坦途

兮函谷一夫百萬爲魚竟執哥舒兮思啓封疆備不可忘禍生不虞兮冦不可玩機不可緩實惟永圖兮天險地險莫如人險兵力相須兮刻銘巖嵎用告僕夫當戒覆車兮 陵川集

劉定之居庸關銘帝承天命朔野是都坤奠其軸乾屹其樞長城爲帶自天繚繞中聳雄關洞城裹表鐵壁峪岈玉峽嶕嶢俯壓博厚仰矗層霄冠以雉堞守以虎旅屏翰■吞攘■龍旗北伐鼓行其中如雷之震以出太空■南來歛塞其下如蟻叩關以于天赦昔秦與役庸徒乃居宋失其防■長駈曷若皇明天所綏顧不剏而因不嚴而固一夫當之萬夫莫前一世開之萬世其傳攬翠爲書磨崖作碣勒

此銘章以貽無極 采薇集

居庸路東自門家谷口西至糜子谷口延袤一百五十里南至關北至永寧城臨口二十灰嶺下臨口十門家谷口灰嶺口賢莊口錐石口雁門口德勝口虎谷口雙泉口養馬谷西山口 俱嘉靖十五年建 邊城二十六里附墻臺七座八達嶺下臨口七石佛寺口青龍橋東口王瓜谷 俱永樂年建 八達嶺口 弘治年建 黑豆谷化木梁子家衝 俱永樂年建 邊城二十四里半附墻臺四座空心敵臺四十三座石峽谷下臨口三花家窪石峽谷口糜子谷口 俱永樂年建 邊城一十六里附墻臺十座空心敵臺二十五座 四鎮三關志

由棗園砦至居庸路界分水嶺三里門家谷口山勢重疊然通白龍潭路來騎極衝又三里至灰嶺口內外寬漫極衝又三里至賢莊口本口路臨通永寧南山塔兒來騎次衝又七里至錐石口兩山險峻林下稠密中有河外通塔兒谷衝又五里至雁門口外險內平又五里至德勝口山勢高險中有大河外通大小紅山衝又九里至虎谷口外險內平不通騎緩又五里至養馬谷在南口門緩川草花頂山勢內外高險人馬難行三里至石佛寺口正口兩山壁立中通溝路難行又三里至青龍橋東口山勢內平外險又三里至黃瓜谷口亦內平外險又三里至八達嶺內外平漫爲宣大咽喉極衝又三里至黑豆谷內外平漫威靖墩至衝谷墩通泉騎餘通騎衝又三里至化木梁內險外平人馬可行又二里

至于家衝正城迤東一空通單騎迤西青石頂墩通于家溝俱通衆騎衝餘通步緩青石頂山勢外平內險三里至花家窪內外高險龍芽菜溝通單騎城東頭至西頭水口平漫通衆騎極衝又三里至石峽口城東至石崖子口又西山墩至鎮鹵墩俱通單騎衝又三里至糜子谷正關水口并鎮西墩至南山墩通陳家墳俱平漫通衆騎極衝餘通步緩 三鎮邊務總要

經畧邊關右副都御史李瓚以居庸關西路灰嶺口上常峪地方外接懷來所轄隘口計一十二處經寇出沒請添設城堡以控險要乃築灰嶺口城六百八十丈有奇上常峪城減十之五各立樓櫓舖舍於正德十六年五月訖工議名灰嶺口曰鎮邊城上常峪曰常峪城調

別堡軍士屯守灰嶺口千人上常峪三百人改設守禦千戶所及倉場官吏兵部覆奏從之 世宗實錄

邊貢入錐石口四首濯足秋澗水水寒清見沙淩兢不可渡碎石如狠牙童子欣暮晴笑指東風霞穿林復渡河佳興未能盡每當路窮處更着祠官引山女何處來石上洗秋菌西登錐石口鳥道不盈尺連山樹如繡雲中日將夕不聞樵采音但見虎行跡睥睨接崇嶺白處生浮嵐上有百尺厓下有千尺潭爾非豢龍子那敢窮幽探 華泉集

上關七里至彈琴峽上有佛閣又七里爲青龍橋道東有小堡又三里至八達嶺有城南北二門元人所謂北口也以守備一人守之自八達嶺下視居庸若建瓴若

關井故昔人謂居庸之險不在關城而在八達嶺而岔道又八達嶺之藩籬元人于北口設兵洵得地形之便者 昌平山水記

八達嶺城一座弘治十八年建 四鎮三關志

昌鎮疆宇幅員不踰五百里而居庸關突據其中蓋未有郡邑之先已設險于外戶矣然八達嶺去關北三十里墉垣漸崇驅馬而南勢若建瓴故先年經畧大臣剏城置守于此誠得扼險之要樞哉 同上

劉迎過八達嶺詩山險路已出彌望盡荒坡風度日已殊氣象惟沙磧我老倦行役驅車此經過時節春已戛土寒地無禾行路不肯留奈此居人何 山林長話

居庸關有彈琴峽水流石罅聲若調琴 獅山掌錄

吳擴過彈琴峽詩懸厓峭壁磴千盤峽裏天光一綫看繞澗琴聲聽不盡分明流水曲中彈 貞素堂集

居庸關內道旁一大石其形似枕俗呼仙人枕 長安客話

橫嶺路東自軟棗頂西至挂枝庵延袤一百三十里南至居庸關北至懷來城隘口三十有九白羊口下隘口八軟棗頂 永樂年建 石板衝牛欄溝 俱嘉靖二十三年建 西山安 永樂年建 桑木頂 嘉靖二十三年建 東黃鹿院秋樹窪西黃鹿院 俱嘉靖四十四年建 邊城一十一里附墻臺三座空心敵臺一十九座長谷城下隘口七茶芽駝沙嶺兒窩窿山鏡兒谷分水嶺銀洞梁 俱永樂

年建轎子頂嘉靖二十五年建邊城一十五里附墻臺一座空心敵臺二十三座橫嶺下隘口一十四黃石崖東凉水泉西凉水泉火石嶺寺兒梁東核桃衝西核桃衝大石溝陡嶺口鶯窩坨小山口姜家梁倒掛衝廟兒梁邊城三十一里附墻臺三座空心敵臺二十八座鎮邊城下隘口十柳樹窪永樂年建黑衝谷車頭溝尖山頂北唐兒庵南唐兒庵水門松樹頂秋樹窪俱嘉靖三十年建挂枝庵嘉靖三十八年建邊城二十一里附墻臺五座空心敵臺三十二座四鎮三關志

由糜子谷口六里至軟棗頂正關東北山勢險峻止通單騎口外平溝內薄梁極衝又三里至牛臘溝內外山峻牽馬可上又二里至桑木頂外梁平內山險可通單

騎又一里至黃鹿院山梁高險牽馬可上又四里至茶芽坨西界內外山崚牽馬可上又二里至沙兒嶺可通人馬次衝又二里半至窟窿山正關外平溝有山梁可通大舉又二里至鏡兒谷山峻牽馬可上又二里至分水嶺內外平漫可通大舉極衝又二里至銀洞梁內險外平次衝又二里至轎子頂西黃石崖通單騎衝又一里半至東凉水泉山梁平漫通騎次衝又一里至西凉水泉山薄梁平可行人馬極衝又一里半至火石嶺門外溝平澗通大舉極衝又二里至寺兒梁山稍峻通單騎又一里至東核桃衝山梁可通步騎次衝又一里至西核桃衝山勢平漫通騎次衝又二里至大石溝水口內平外漫通大舉極衝又一里半至陡嶺兒外險內漫

逼步又二里至鷺窩坨外懸崖內山高峻緩又一里半至小山口山險牽馬可上又二里至姜家梁山險通單騎次衝又二里至倒翻衝有水口內外平漫通大舉極衝又五里至廟兒梁西梛樹窪界內外平漫極衝又六里至黑衝谷平漫通騎極衝又三里至車頭溝外平內險通單騎次衝又二里至北唐兒庵有水口內外平漫可通大舉又二里至南唐兒庵外險內平牽馬可行又四里至松樹頂山險僅通步緩又四里至挂枝庵迤西係邊尾俱重山叠障不通步騎 三鎮邊務總要

白羊口距州西四十里距居庸南口二十里有水伏流

元史白羊口千戶所於昌平縣東口置司景泰元年調涿鹿中衛後千戶所官軍守禦後以守備一人守之其

西南有小城曰白羊新城 昌平山水記

白羊口堡一座景泰元年建城有白羊口倉 四鎮三關志

橫嶺之東有口曰白羊其直南則沿河口外通懷來城其直西則馬水口北通舊保安烟麓陀菴是馬水口勝處 長安客話

白羊城正統九年也先由此入犯弘治十一年火篩自大同深入分遣大臣守居庸白羊諸關監正德十一年寇入白羊口嘉靖二十九年寇犯京師欲奪白羊口北出不果蓋南北衝要處也 方輿紀要

白羊北四十里爲長谷城二門其西有小城曰長谷新城 昌平山水記

長谷城一座正德十五年建 四鎮三關志

嘉靖二年正月詔募兵三百人守居庸關常谷城從御史李儼請也 世宗實錄

長谷北二十里爲橫嶺城二門守備一人守之 昌平山水記

橫嶺城一座弘治十八年建城有橫嶺倉 四鎮三關志

橫嶺城與長谷城逼近然橫嶺尤孤懸外界山高泉涸軍士苦之 長安客話

橫嶺口亦名龍嶺口守禦要地也嘉靖中俺荅自古北口入犯從橫嶺遁出 方輿紀要

曹代蕭詩軍馳戰壘嚴前馬僧撞招提嶺上鐘白水清泉三百尺阜旗赤羽四千重 長安客話

長谷西北二十里爲鎮邊城三門正德中建設守禦千戶所後以叅將一人守之 昌平山水記

城有鎮邊倉 四鎮三關志

鎮邊城居人僅可百數地寒不能種穀五畜勞羸不甘兵雜其間狡滑難治西十里有堠曰唐耳背據大山下視懷來足爲天險 薊丘集

京城口九十里昌平州州東北九十里黃花鎮自鎮歷白馬陳家邪馬等峪關口四十八而古北口又一十四關口至巖眉寨中歷黃松峪將軍石凡五口而薊州東岸峪自關以東歷寬峪等關凡十口而遵化縣之馬蘭峪乃歷沙皮羅文松青龍井兒潘家口團亭寨關口三十一而喜峰口又七十里而遷安縣之青山口又十二

口而冷口又三口而劉家口又四口而盧龍縣之桃林口又四口而昌黎縣之界嶺箭桿等六口而撫寧縣之義院口又石門等五口而董家口歷大毛山小青山等十四而山海關 圖書編

日下舊聞卷三十七終

日下舊聞卷三十七補遺

邊障下

李夢陽黃花鎮詩往年趨北路今遠泰陵西青黑垂蘿密山青禁木齊獨僧攀杪出惟鳥趁隂啼寂寞黃花堞遥臨古塞溪 空同集

太行首始河内自河内至幽州凡有八陘 述征記

居庸亦曰冷陘陘又作硎新唐書孫佺爲幽州都督率兵十二萬討奚李大酺分三屯以副將李楷洛周以悌領之次冷硎楷洛與大酺戰不勝是也 稼堂雜抄

居庸關北五里勅建永明寶相寺宫殿甚壯麗三塔跨于通衢車騎皆過其下 金臺集

張欽字敬之通州右衛人官貴州道監察御史奉勅巡

視居庸關時武廟欲出關北狩乘輿已迫關矣欽閉關三勒疏堅請回鑾武廟乃止 分省人物考

葛邏祿迺賢居庸關詩疊嶂緣青冥峭絕兩崖束盤盤龍虎踞岑巇互迴伏重關設天險王氣奠坤軸皇靈廣覆被四海同軌躅至今豪俠人危眺屢驚躕崎嶇棧閣峻縈紆岡澗曲環村列墟市鑿翠搆廬屋溪春激巖溜山田雜稌菽絕頂得幽勝人烟稍連屬浮圖壓廣路臺殿出層麓白雲隱疎鐘落日帶喬木豈須歎蜀道政可誇函谷居人遠念我叩馬苦留宿恐辛殷勤情解鞍看山瀑 金臺集

皇甫汸居庸關詩山城落日照居庸抗嶺迴巒紫翠重十月邊陲塵不起萬年陵寢霧常封 皇甫司勳集

削旋居庸關銘兩崖亘地設險自天直北以控千仞截然外限朔漠內壯中原守以虎士一夫當千干城禦侮夜烽不然一統聖化於萬斯年 畏菴集

居庸重鎮時平爲上谷之襟喉事亟爲北門之鎖鑰不惟雄臨朔漠抑且險類崤函關西各隘自晏磨峪口起至紫荆關沿河口止共二十七處俱係山前隘口自火山口起至合河口止相兼懷來各隘共九處俱係山後隘口前後相距遠近不同或七八十里或四五十里山川錯雜路徑紆迴向以林密地險寇不得騁近年樵采林木漸踈往來無所阻矣 東田集

居庸關外抵宣府驛遞官皆百戸爲之以其地無府州縣故也 菽園雜記

八陘一軹關陘二太行陘三白陘四滏口陘五井陘六飛狐陘七蒲陰陘八軍都陘 述征記

袁桷居庸關詩太行領羣山萬馬高下拜平巒轉城隍隱隱南北界危坡互交牙寒溜瀉洴湃陰風湧元蚪巨石忽崩壞周遭青松根下有古木砦石皮散青銅云是舊戰鎧天險不足憑歷刼有成敗驅車上林杪出日浴光怪肅肅空巖秋天風迅行邁 清容居士集

又次韻王繼學途中竹枝詞居庸夾山僧屋多鑿石化作金彌陀但看行車度流水不見舉拂談懸河 同上

又雨中度南口詩山寒絕禽鳥獨聞子規啼石壁飛

雨驟泉木搖萋萋瘦馬蹴亂石高下嚙其啼陟巘沮洳深漸覺所歷低暝色起亭午土星流寒泥須臾過雷聲倏忽生晴霓水清亦可渡戒僕踰前谿 同上

又重午日宿南口小店作寒雨鳴石峽蕭蕭五月秋道逢采藥人不識葵與榴氣清諧令節暑溽想南州凉颸木末來動色思重裘猶持一尊酒慰彼湘纍愁

同上

又彈琴峽詩寒泉飛玉峽誰彈使成聲下有戰士骨嗚咽水中鳴絲石本異調摩戛生虧成鑿跡匪神禹佳兵搆秦嬴駐馬爲聽之逝者何不平虛牝納新雨急促濁復清重華初省方百神靜相迎爲作薰風絃散彼巖下情 同上

居庸關過街塔成歐陽元功奉勑撰碑賜白金五十兩 說學集

居庸關國名查剌合攀 金史

正德丁丑秋七月上微行欲度居庸關幸上谷雲中御史張欽極言諫阻疏凡三上至八月朔忽報駕至昌平即欲過關是日欽令分守指揮孫璽閉關南門太監李嵩欲赴昌平候駕欽止之曰今日之事有死而已可擅離職守乎俄千戶閻岳至南門傳旨欽捧璽書弁監察御史印至門固守收其扃鑰手自持之誓曰有奪門者御史當手刃之岳不得入還報上壯其節回鑾獵昌平而還 名臣應謚錄

王瓊張侍御閉關三疏圖記閉關三疏者正德丁丑

秋七月，武宗微行欲過居庸關遊上谷雲中而監察御史張君欽閉關不納疏凡三上也其第一疏曰臣聞明王不惡切直之言以納忠烈士不憚死亾之誅以極諫臣風聞人言陛下欲過居庸關游幸宣大等處今甘肅有土魯番之患江右迫畬賊之擾淮南有漕運之難巴蜀有採辦之苦京畿夏麥少收秋潦爲沴陛下不是之憂而欲長驅居庸觀兵上谷臣竊爲陛下危之其第二疏曰上有卿輔之臣下至耳目之官皆不避誅死苦諫陛下不可出關未嘗俞旨臣愚以爲不可出者有三人心動揺供億繁苦一不可也遠陟險阻兩宮掛慮二不可也塞俗強梁輕身挺出徃與之角三不可也夫事愼於初則易悔于終則難

英宗决于過關竟以北狩由不聽人言也後雖痛悔無及于事臣奉勑巡關分當効死即加斧鉞之誅亦不敢避其第三疏曰八月初一日忽有人報聖駕已到昌平州即欲過關臣聞天子舉動所繫匪小或欲親征必先有詔下廷臣會議某日出師明告中外羣臣扈從而後啟行今傳言聖駕過關名義未正虛實難信臣雖萬死不敢放過 張侍御閉關圖記

昆田 謹按侍御本姓李張其母姓也正德辛未進士由行人擢御史巡視居庸諸關歷官工部右侍郎卒葬州城南黃泥溝曲周王尚一賜序三疏刊行稱其無尺寸之業貽子孫清德尤不易及也

自山海關而西薊鎮領之邊城凡一千四百七十四里城堡七十一座附墻臺一百四十六座敵臺一千九十五座主兵七萬三千五百六十二名客兵五萬七千五百七十三名自居庸關而東昌鎮領之邊城凡二百八十二里城堡一十三座附墻臺三十九座敵臺二百三十七座主兵一萬七千七百四十四名客兵一萬三千一百七十九名明之邊防固矣其後李自成取徑居庸如入無人之境始信設險之不足恃也 籌記

居庸關世傳始皇北築時居庸徒於此故名兩山巉絕中若鐵峽控扼南北實爲古今巨防 中堂事記

自北口小店踰灰嶺試桃花峪溫湯山間殊有奇觀石爲盤渦如碧玉盆者非一壽藤灌木交蔭左右其水泉

蓋灤河之上源也 中堂事紀

王惲九日迎鑾北口和寅甫學士韻翠華南下拂雲霓駐蹕軍都漢苑西龍虎臺高驚峻絕蓬瀛人老許扶攜九天日月瞻光近萬國風烟入望低佳節迎鑾得清賞牛山初不羡東齊 秋澗集

又居庸懷古木蘭花慢詞壯巉岩鐵峽誰設險劈蒼岑擁萬里風烟一拴橫鎖形勝雄沉□□□□□□□憶當年叱馭走騣騣半夜郵亭索酒平明燕市長吟追思往事不堪尋山色古猶今甚三十年來青雲垂翅素髮鬅鬙投閒郤教應聘咲委身從事老難任立遍西風殘照山光翠滿疎林 同上

中統二年冬十有一月大駕北狩駐魚兒泊詔平章埨

察公以虎符發兵于燕既集取道居庸合圍于湯山之東遂飛豹取獸獲焉同上

王惲飛豹行二年幽陵閲丘甲詔遣謀臣連夜發春蒐秋獮是尋常況復軍容從獵浛一聲畫鼓肅霜威千騎平岡捲晴雪長圍漸合湯山東兩翼閃閃牙旗紅飛鷹走犬漢人事以豹取獸何其雄馬蹄蹴麋欻左與赤纈散鏇驚龍驤錦雲一縱飛塵起三軍耳後秋風生豹雖逸才不自惜雨血風毛摧大敵風烟慘憺晚歸來思君更上單于臺血埋萬甲戰方鋭爪牙正籍方剛才古人以鹿喻天下得失中間係眞假元戎茲獵似開先我作車攻補周雅同上

昌平設有總兵東歷東山口迄黃花鎮西歷南山口迄

鎮邊城若左右翼之衛腹心然陵後柳溝南控長陵北枕獨石東歷四海冶西歷岔道又若左右腋之擊後背然向設南山兩協一住柳溝一住榆林布置頗審惟是兩協勢不相下恐畫地自委今議改協爲鎮總兵仍住柳溝居中調度改東協爲左翼住四海冶以防陵東與黃花鎮策應改右協爲右翼仍住榆林以防陵西與鎮邊城策應有警則宣鎮總兵堵禦外邊陵後總兵防守內邊又與陵前總兵聯絡于東西紅山各口天壽宛在中央若泰山而四維之矣保邦十策

居庸南口關夾澗而城左右可三四十步行十五里峯回路轉有城翼然而立者實爲居庸地勢較廣而險倍之又十里則居庸北關再上二十五里至八達嶺盡由

南口至是凡五十里巖巒複合兩厓如削足下石如馬如象軌不可方轡不可合而八達嶺之城既險且堅北至驢兒圪抄陵寢而接灰嶺口南至靖邊城歷沿河諸口而接紫荊所謂一夫當關萬夫莫前者也偵宣鎮記

余瑱爲北平衛指揮使與謝貴密謀不遂貴死瑱走保居庸關文皇曰居庸北平之咽喉瑱若據此則拊吾背宜急取之緩則增兵繕守後難圖矣遂專力擊瑱瑱且戰且守援兵不至棄關走懷來力盡被執不屈死忠節錄

孫緒居庸關詩一徑中開萬嶺橫居民無地問農耕霜頭落葉晚山綠雨灡荒苔秋水清沙鳥遠從天外度寒蛩也向夜分鳴峯巒徙倚休回首何處孤雲是故城沙溪集

劉秉忠過居庸關詩車箱來往若流泉絕壁嶄嵓倚翠烟限破中州四十里鑿開大路幾千年函關不謂平如地蜀道無如險似天萬里揮鞭猶咫尺誰能掌上保幽燕藏春詩集

周伯琦過居庸關二首崇關天險控幽燕萬疊青山百道泉絕壁雲霞龕佛像連壘雞黍聚人烟炎涼頃刻成殊候華夏於今共一天我欲登臨窮勝槩西風五月倍淒然關南關北四十里玉壘珠闕限兩京列隊龍旂明輦路重屯虎衛肅天兵桑麻旆旆村無警榆柳青青塞有程卻笑燕然空勒石萬方今日盡昇平近光集

朱德潤居庸雪中詩山前龍虎構成臺山後神州斗極開雪意似憐天設險高卑鋪作白磑磑存復齋集

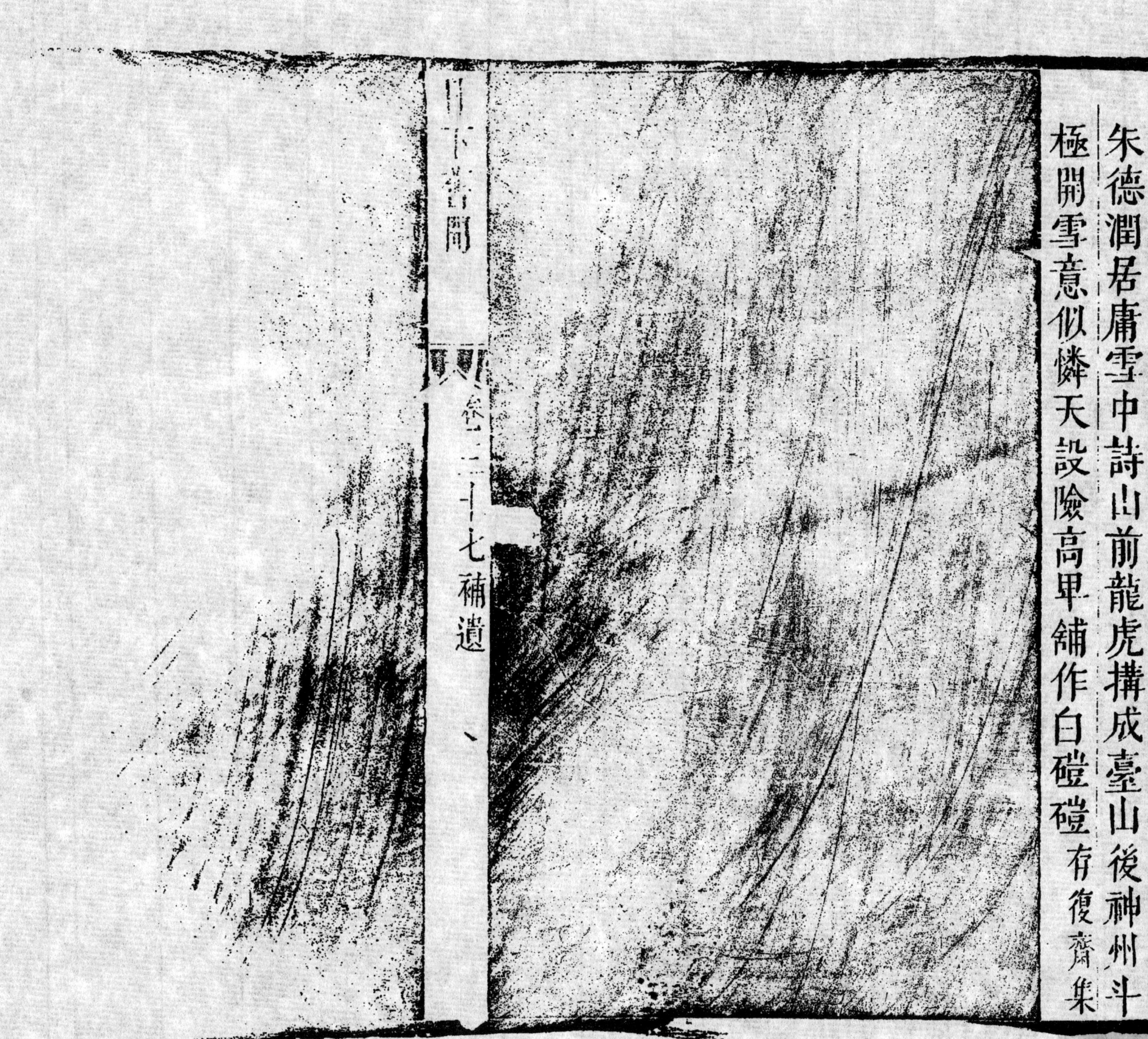

極開雲意似麟天設險高甲鎗作白壁疊有度齊來

禾德潤枕靖雪中蒔山前龍虎構成臺山從神州千

日下舊聞卷三十八

戶版

幽州其民一男三女 周禮

涿郡縣二十九戶十九萬五千六百七口七十八萬二千七百六十四勃海郡縣二十六戶二十五萬六千三百七十七口九十萬五千一百一十九上谷郡縣十五戶三萬六千八口十一萬七千七百六十二漁陽郡縣十二戶六萬八千八百二口二十六萬四千一百一十六右北平郡縣十六戶六萬六千六百八十九口三十二萬七百八十廣陽國縣四戶二萬七百四十口七萬六百五十八 漢書

按漢漁陽右北平郡廣陽國所領縣及涿郡之涿范陽良鄉益昌陽鄉西鄉勃海郡之東平舒安次文安上谷郡之軍都居庸昌平皆今順天府屬地

冀州刺史部河間郡十一城戶九萬三千七百五十四口六十三萬四千四百二十一　幽州刺史部涿郡七城戶十萬二千二百一十八口六十三萬三千七百五十四廣陽郡五城戶四萬四千五百五十口二十八萬六百上谷郡八城戶萬三百五十二口五萬一千二百四漁陽郡九城戶六萬八千四百五十六口四十三萬五千七百四十右北平郡四城戶九千一百七十口五萬三千四百七十五 後漢書

按後漢廣陽右北平郡所領城及河間郡之

文安東平舒涿郡之涿范陽良鄉方城上谷郡之居庸漁陽郡之漁陽狐奴潞皆今順天府屬地

冀州章武國統縣四戶一萬三千幽州范陽國統縣八戶一萬一千燕國統縣十戶二萬九千北平郡統縣四戶五千上谷郡統縣二戶四千七十 晉書

按晉燕國北平郡所領縣及章武國之東平舒文安范陽國之涿良鄉方城長鄉范陽上谷郡之居庸皆今順天府屬地

瀛州章武郡領縣五戶三萬八千七百五十四口十六萬二千八百七十幽州燕郡領縣五戶五千七百四十八口二萬二千五百五十九范陽郡領縣七戶二萬六

千八百四十八口八萬八千七百七漁陽郡領縣六戶六千九百八十四口二萬九千六百七十安州密雲郡領縣三戶二千二百三十一口九千一十一廣陽郡領縣三戶二千八口八千九百一十九安樂郡領縣二戶一千一百六十六口五千二百一十九東燕州平昌郡領縣二戶四百五十口一千七百一十三上谷郡領縣二戶九百四十二口三千九十三 魏書地形志

按元魏燕漁陽密雲安樂四郡所領縣及章武郡之平舒文安范陽郡之固安范陽萇鄉方城廣陽郡之燕樂皆今順天府屬地

冀州河間郡統縣十三戶十七萬三千八百八十三涿郡統縣九戶八萬四千五十九漁陽郡統縣一戶三千

九百二十五安樂郡統縣二戸七千五百九十九隋書

按隋漁陽安樂二郡所統縣及河間郡之文安平舒涿郡之薊良鄉安次涿固安雍奴昌平潞皆今順天府屬地

幽州范陽郡本涿郡縣九又涿州縣五戸六萬七千二百四十三口三十七萬一千三百一十二瀛州河間郡縣五戸九萬八千一十八口六十六萬三千一百七十一莫州文安郡縣六戸五萬三千四百九十三口三十三萬九千九百七十二檀州密雲郡縣二戸六千六十四口三萬二百四十六薊州漁陽郡縣三戸五千三百一十七口萬八千五百二十一唐書

按唐范陽漁陽密雲三郡所統縣及河間郡之平舒文安郡之文安皆今順天府屬地

霸州防禦縣二文安大城戸主一萬四千一百二客九百五十七信安軍戸主三百一十八客三百九十一保定軍戸主八百二十八客一百三十三九域志

政和三年蔡攸何志同言天下戸口數類多不實如霸州主客戸二萬二千四百七十七而口纔三萬四千七百一十六率三戸四口則戸版刻隱不待校而知之文獻通考

按宋幽州本在化外無戸口數目其見于載記者止霸州及信安保定二軍而已

南京析津府統州六縣十一析津戸二萬昌平戸七千良鄉戸七千潞戸六千安次戸一萬二千永清戸五千

武清戶一萬香河戶七千玉河戶一千漷陰戶五千順州歸化軍統縣一懷柔戶五千檀州武威軍統縣二密雲戶五千行唐戶三千涿州永泰軍統縣四范陽戶一萬固安戶一萬新城戶一萬歸義戶四千薊州尙武軍統縣三漁陽戶四千三河戶三千玉田戶三千景州清安軍遵化縣戶三千遼史

按遼析津所統州縣今皆隸順天府惟新城改隸保定

中都路大興府縣十大興宛平安次漷陰永清寶坻香河昌平武清良鄉鎮一廣陽戶二十二萬五千五百九十二通州縣二潞三河戶三萬五千九十九薊州縣五漁陽遵化豐閏玉田平谷鎮二石門韓城戶六萬九千

一十五涿州縣五范陽固安新城定興奉先鎮一政滿戶一十一萬四千九百一十二順州縣二溫陽密雲戶三萬三千四百三十三霸州縣四益津文安大城信安戶四萬一千二百七十六金史

按新城定興今隸保定府

大都路大興府領縣六大興宛平良鄉永清寶坻昌平州十涿州領二縣范陽房山霸州領四縣益津文安大城保定通州領二縣潞三河薊州領五縣漁陽豐閏玉田遵化平谷漷州領二縣香河武清順州檀州東安州固安州龍慶州戶一十四萬七千五百九十口四十萬一千三百五十元史

按龍慶州金之縉山縣本屬上都路元仁宗

生于此延祐三年升縉山爲州領懷來縣即今之延慶州也國朝典彙

洪武十四年正月創編賦役黄册以一百一十戶爲里順天府大興縣編戶三十八里宛平縣編戶五十里良鄉縣編戶二十二里固安縣編戶三十七里永清縣編戶一十二里東安縣編戶一十八里香河縣編戶一十里通州編戶二十六里三河縣編戶二十里武清縣編戶二十里漷縣編戶一十里寶坻縣編戶三十里昌平州編戶二十七里順義縣編戶二十七里密雲縣編戶一十九里懷柔縣編戶一十四里涿州編戶四十六里房山縣編戶一十一里霸州編戶三十一里文安縣編

戶三十三里大城縣編戶二十里保定縣編戶六里薊州編戶二十五里玉田縣編戶一十七里豐閏縣編戶二十二里遵化縣編戶一十二里平谷縣編戶八里明一統志

風俗

燕無函燕之無函也非無函也夫人而能爲函也考工記

燕之水萃下而弱沉滯而雜故其民愚戇而好貞輕疾而易死管子

燕地踔遠人民希與趙代俗相類史記

燕俗愚悍少慮輕薄無威亦有所長敢於急人燕丹遺風也漢書

燕記曰豐人杼首燕之北鄙凡大人謂之豐人杼首長首也方言

燕之北郊凡民男而聟婢謂之臧女而婦奴謂之獲同上

幽州突騎冀州强弩天下精兵國家贍仗四方有事未嘗不取辦于二州也蔡中郎集

自古言勇俠者皆出幽并然涿郡前代以來多文雅之士隋書

燕趙古稱多感慨悲歌之士昌黎集

幽并之地程其水土與河南等常重十一二故其人沉鷙多材力重許可能辛苦樊川集

幽燕之地自古號多豪傑名于圖史者往往而是東坡居士集

勁勇而沉靜燕之俗也同上

范鎭幽都賦過幽都以乖覽兮觀禹迹之經營地博大以爽塏兮亘繩直而砥平風俗樸茂兮蹈禮義而服聲名謙垣集

燕自兩河之戰遂非唐有洊罹遼金幾四百年然而不漸宣政佻靡之化豪勁任俠渾厚敦雅猶有唐之遺風焉陵川集

南京水甘土厚人多技藝秀者學讀書次則習騎射耐勞苦契丹志

昔人論燕人者管子謂其愚戇隋志則云冀幽之士鈍如椎郝伯常稱其不漸宣政佻靡之化今也不然孰塗

之人及五尺童子叩之莫不便便口給其訥于言者益寡乃知習俗之移今昔攸殊也兩京求舊錄

京師奄豎多于縉紳婦女多于男子倡伎多于良家乞丐多于商賈諺曰天無時不風地無處不塵物無所不有人無所不爲殆古之所謂陸海者或謂不如是不足爲京都斯言亦近之五雜組

樂府出自薊北門行其辭與從軍行同而兼言燕薊風物及突騎悍勇之狀與吳趨行同也樂府古題要解

唐之詩人惟陳子昂張說高適集中間有幽州之作此外游宦于兹土者寡宋則非奉使不至故題詠亦無多王之渙九日送別詩云薊庭蕭瑟故人稀何處登高且送歸今日暫同芳菊酒明朝應作斷蓬飛竇鞏薊門詩

云自從身屬富人侯蟬噪槐花已四秋今日一莖新白髮懶騎官馬到幽州馬戴詩云荆卿西去不復返易水東流無盡期日暮蕭條薊城北黃沙白草任風吹張耒詩云十月北風燕草黃燕人馬飽風力强虎皮裁鞍雕羽箭射殺陰山雙白狼四詩辭俱工其餘雜見于出塞送行之作如屢戰橋恒斷長氷塹不流徐陵詩也塞禽惟有鴈關樹但生楡王褒詩也萬里寒光生積雪三邊曙色動危旌祖詠詩也日生方見樹風定始無沙裴說詩也沙河流不定春草凍難青王貞白詩也風折旗竿曲沙埋樹杪平馬戴詩也黃雲戰後積白草暮來看釋皎然詩也塞館皆無竈儒裝亦有弓已行難避雪何處合逢花項斯詩也戍樓承落日沙塞礙征蓬張蠙詩也

有雪常經夏無花空到春下營雲外火驢馬月中塵子鵲詩也野燒枯蓬旋沙風匹馬銜黃酒詩也兒童能走馬婦女亦彎弓歐陽修詩也邊日照人如月色野風吹草作泉聲范鎮詩也皆善狀燕中風景者 涿水亭雜識

京城五坊輻輳擔賣蔬果輒爲曼聲唱賣麩者舊有四句比叶成詩巡城者加以杖故惟賣麩者一聲他物則重疊其辭不止一句蓋彼以曼聲爲招此卽感耳而引聽唱一聲而辨爲何物知其擔市何人也 舊京遺事

燕京茶肆設雙陸局或五或六多至十餘博者蹴局如南人茶肆中置棊具也 松漠紀聞

京師婦人不治女紅夫出坐火炕上可竟日置牛羊肉麵果隨意下飡暇則弄脂粉褁足習以成俗兵民之家

內無甔石之儲而出有綾綺之服每候問親戚自衫襦至中衣皆有店家可賃遇有吉席乘轎衣大紅蟒衣作使女婢卽賃衣家姥嫗意氣奢溢了不畏人 舊京遺事

朱弁炕寢詩風土南北殊習尚非一躅出疆雖仗節入國髮同俗淹流歲再殘朔雪滿崖谷禦冬貂裘弊一炕且跧伏西山石爲薪黝色驚射目方熾絕可邇將盡還自續飛飛湧玄雲燄燄積紅玉稍疑雷出地又似風薄木誰容鼠棲冰信是龍銜燭陽曦助喘息未害搖空腹惠氣生袴襦仍工展拳足豈惟脫膚鱗兼復平體栗負暄那用詫執熱定思沃收功在歲寒較德比時燠雖餘炙手焰寧有爛額酷罰當凝冰辰炎帝獨回轂玄冥眞退聽祝融端可録嗟予亦何者

荆卿疑當作荊卿

[illegible][illegible]帝經夏無花空到春下營雲外火驪馬月中塵子
也野燒枯蓬旋沙風匹馬銜黃滔詩也兒童能走
馬婦女亦彎弓歐陽修詩也邊日照人如月邑野風吹
草作泉聲范鎮詩也皆善狀燕中風景者 涿水亭雜識
京城五坊輻輳擔賣蔬果輒爲曼聲唱賣麩者舊有四
句比叶成詩巡城者加以杖故惟賣麩者一聲他物則
重疊其辭不止一句蓋彼以曼聲爲招此即感耳而引
聽唱一聲而辨爲何物知其擔市何人也 舊京遺事
燕京茶肆設雙陸局或五或六多至十餘博者蹴局如
南人茶肆中置棊具也 松漠紀聞
京師婦人不治女紅夫出坐火炕上可竟日置牛羊肉
麵果隨意下飡暇則弄脂粉褁足習以成俗兵民之家

內無甔石之儲而出有綾綺之服每候問親戚自衫襦
至中衣皆有店家可賃遇有吉席乘轎衣大紅蟒衣作
使女婢即賃衣家姥嫗意氣奢溢了不畏人 舊京遺事
朱弁炕寢詩風土南北殊習尚非一躅出疆雖仗節
入國髮同俗淹流歲再殘朔雪滿崖谷禦冬貂裘獘
一炕且跧伏西山石爲薪黝色驚射目方熾絕可邇
將盡還自續飛飛湧玄雲餤餤積紅玉稍疑雷出地
又似風薄木誰容鼠棲冰信是龍銜燭陽曦助喘息
未害搖空腹惠氣生袴襦仍工展拳足豈惟脫膚鱗
兼復平體粟負暄那用詫執熱定思沃收功在歲寒
較德比時燠雖餘炙手焰寧有爛額酷烈當凝冰辰
炎帝獨回轂玄冥眞退聽祝融端可錄嗟予亦何者

萬里歌黃鵠偃仰對窗扉妍媛謝衾褥壯懷羞寵媚
曉悟笑突曲因思墮指人暴露苦皸瘃頻年未解甲
蹈此鋒刃毒遥知華幹中旰食安豆粥陪臣將命來
意懇誠亦篤有奇不能吐何術止南牧君心想更切
臣罪何由贖此身雖自溫此志轉煩促論武貴止戈
天必從人欲安得四海春永作蒼生福聊擬少陵翁
秋風賦茅屋 中州集

古詩燕趙多佳人美者顏如玉被服羅裳衣當戶理清
曲然燕中婦女雖曰穠麗大約調朱殺粉塗飾爲多十
三輒嫁至三十而顦顇矣此如蕣華易落何如玉之有
至於青樓之伎多着窮袴其被服羅裳者亦鮮也 析津
日記

黃淳耀燕姬歎燕中姹女顏如玉腰素盈盈纔一束
翠翹寶靨試新粧皓齒青蛾矜豔曲十斛明珠許換
歸初言松栢比心期流蘇帳開珠箔掩破盡工夫與
畫眉何知靚面成捐棄只買朱顏難買意北邙蕭瑟
白楊風一半春宵酬秘戲 陶菴集

遼俗立春婦人進春書刻青繒爲幟像龍御之或爲蟾
蜍書幟曰宜春 遼史

凡立春日於午門賜百官春餅 燕都遊覽志

申時行立春賜春餅詩紫宸朝罷聽傳餐玉餌瓊肴
出大官齋日未成三爵禮早春先試五辛盤迴風入
仗旌旗暖融雪當筵匕箸寒調鼎十年空伴食君恩
一飯飽猶難 賜閒堂集

正統中每歲立春順天府別造春牛春花進御前及仁壽宮中宮凡三座每座用金銀珠翠等物費錢九萬餘景皇卽位以明年春日當復增三座宛平坊民相率陳愬乞買時花充用從之 湧幢小品

臘月二十四日祭竈後宮眷內臣穿葫蘆景補子蟒衣上元則穿燈景補子三月三日換羅衣四月四日換紗衣五月朔穿五毒艾虎補子蟒衣七月七日穿鵲橋補子九月四日穿重陽景菊花補子十月朔換穿紵絲冬至節穿陽生補子蟒衣 燕史

淸明戴柳枝丫髮夏至戴草麻子葉長命菜卽馬齒莧也立秋日戴楸葉 同上

鐸針者內官釘帽中央金銀珠翠珊瑚皆可製元旦則

大吉葫蘆元夕則燈籠端午則天師中秋則月光重陽則菊花冬至則綿羊太子頒曆日則寶曆萬年其製八寶荔支卍字鮎魚也萬壽節則萬壽洪福齊天其製于齊天字兩旁各紅蝙蝠一枚又有枝箇其製減小偏向成對又桃枝則不垂 同上

歲除簷楹插芝麻稭院中焚柏木柴名曰燂歲元旦起擲門檈于地者三曰跌千金以小榼盛驢肉食之曰嚼鬼立春日無貴賤食蘿蔔曰咬春二月二日用黍麪棗餻以油熬之曰薰蟲食餅曰桃花餅四月四日進不落夾用葦葉方包糯米長可四寸濶一寸味與粽同六月六日食銀苗菜卽藕苗也九月食迎霜兎臘月八日賜餐百果粥 同上

遼俗每年正月一日以糯米炊飯用白羊髓和丸如拳大行宮寢帳內各散四十九丸戊夜各於帳內窗中擲丸于外數偶動樂飲宴數奇令巫十有二人鳴鈴執箭繞帳歌呼帳內爆鹽墟中燒地拍鼠謂之驚鬼人日煎餅食于庭中謂之薰天 遼史

正月十三日放契丹做賊三日如盜及十貫以上依法行遣 燕北雜記

元旦貴戚家懸神荼鬱壘民間揷芝梗柏葉于戶小兒女剪烏金紙作蝴蝶戴之名曰鬧嚷嚷初八九日陳設燈市至十八而罷人家用粉糝寒具饋遺徧市鬻之五花帚爲號宴席間尚王瓜豆莢一瓜之值三金豆一金點茶用椿芽蒲笋發之氷下牡丹芍藥薔薇俱有花較春時薄小一毬值數千錢貴戚倡家揷茉莉花官裹放燈假五日夜行不禁 北京歲華記

公鼐都城元宵曲鰲山綵繡五雲隈白果園中御帳開傳語侍臣休放馬君王月下打圍來躞蹀驊騮氣正驕垂鞭嘶過玉河橋不知明月誰家怨腸斷樓中弄玉簫黃瓦墻頭臘畫戟直從析木象銀河三三五五橋頭去贏得相思滿綠波曲砌迴廊卍字闌松瓢亭子月中看金爐休放沉香火醉擁如花夜不寒內園湯火漫相勻種得紅梅放早春莫向樽前吹玉笛朝來愁殺賞花人白袷裁衫玉滿頭短檐髮髻學蘇州儂家新樣江南曲縱是愁人不解愁 小東園詩集

正月十六夜婦女俱出門走橋不過橋者云不得長壽

手攜錢贖門軍摸門鏁云郎生男 北京歲華記

元夕童子撾皷旁夕向曉曰太平皷二童子引索畧地如白光輪一童子跳光中曰跳白索婦女相率宵行以消疾病曰走百病又曰走橋 帝京景物畧

周用走百病行都城燈市由來盛大家小家同節令諸姨新婦及小姑相約梳粧走百病俗言此夜鬼穴空百病盡歸塵土中不然今年且多病臂枯眼暗兼頭風踏穿街頭雙繡履勝飲醫方二鍾水誰家老婦不出門折足蹣跚曲房裏今年走徤如去年更乞明年天有緣蘄州艾葉一寸火只向他人肉上然去年同伴今希有幾人可卜明年走長安主人肯居停寂寂關門笑後生但願中秋不見月博得元宵雨打燈 周恭肅公集

正月十九日都人集白雲觀游冶紛沓走馬蒲博謂之燕九節或曰閹丘或曰宴丘相傳是日眞人必來或化冠紳或化士女或化乞丐於是羽士十百結坐松下冀幸一遇之 帝京景物畧

吳寬燕九日詩京師勝日稱燕九少年盡向城西走白雲觀前作大會射箭擊毬人馬蹂古祠北與學宮依簫皷不來牲醴稀如何義士文履善不及道人丘處機 匏翁家藏集

二十五日人家市牛羊豕肉恣餐竟日客至苦留必盡飽而去名曰塡倉 北京歲華記

歐陽原功漁家傲詞正月都城寒料峭除非上苑春

光到元日班班行相見了朝回早闕前褫帽歡相抱漢
女姝娥金搭腦國人姬侍金貂帽繡轂雕鞍來往閙
閙馳驟拜年直過燒燈後 圭齋集

二月一日爲中和節八日爲悉達太子生辰雕木爲像
儀仗百戲導從循城爲樂 遼史

二月都人進香涿州碧霞元君廟不論貴賤男女額貼
金字結亭如屋坐神像其中繡旗旛爐前導從高梁橋
歸有雜伎人騰空旋舞于橋岸或兩馬相奔人互易之
或兩彈追擊迸碎空中 北京歲華記

歐陽原功漁家傲詞二月都城春動野引龍灰向銀
床畫士女城西爭買架看馳馬官家迎佛官蘭若水
煖天鵞紛欲下鷹房奏獵催車駕郤道海青逢燕怕

纔過社柳林飛放相將罷 圭齋集

遼俗三月三日以木雕爲兎分兩朋走馬射之先中者
勝負者下馬跪進勝者酒勝者於馬上接盞飲之 燕北
雜記

上巳日上土穀祠清明日始賣氷以兩銅盞合而擊之
次日花木皆出窖播瓜菜種于地後三日新茶從馬上
至至之日宮價五十金外價三二十金不一二日即二
三金矣二十八日賽東岳廟 北京歲華記

歐陽原功漁家傲詞三月都城游賞競宮墻官柳青
相映十一門頭車馬竝清明近豪家寒具金盤飣墻
祭醑連芳草徑歸來風送梨花信向晩輕寒添酒病
春烟瞑深深院落秋千迥 圭齋集

四月初一日戒壇開城中人多往西山初八日各寺浴佛十三日上藥王廟諸花盛發白石莊三里河高梁橋外皆貴戚花塲好事者邀賓客游之北京歲華記

先是四月八日梵寺食烏飯朝廷賜群臣食不落夾葢緣元人語也嘉靖十四年帝以其名不雅馴乃賜百官於午門食麥餅宴燕都游覽志

歐陽原功漁家傲詞四月都城氷椀凍含桃初薦瑛盤貢南寺新開羅漢洞伊蒲供楊花滿院鶯聲哢歲幸上京車駕動近臣准備鑾輿從健德門前飛玉鞚爭持送葡萄馬乳歸銀甕圭齋集

五月五日午時采艾摘葉與綿相和絮衣七事遼主著之番漢臣僚各賜艾衣三事渤海厨子進艾糕燕北雜記

夏至日謂之朝節婦人進綵扇以粉脂囊相贈遺遼史

金因遼俗重五日拜柳毬塲爲兩行當射者以尊卑序各以帕識其枝去地約數寸削其皮而白之先以一人馳馬前導後馳馬以無羽橫鏃箭射之既斷柳又以手接而馳去者爲上斷而不能接去者次之或斷其青處及中而不能斷與不能中者爲負每射必伐鼓以助其氣已而擊毬各乘所常習馬持鞠杖杖長數尺其端如偃月分其衆爲兩隊共爭擊一毬先於毬塲南立雙桓置板下開一孔爲門而加網爲囊能奪得鞠擊入網囊者爲勝毬狀小如拳以輕韌木枵其中而朱之金史

五月朔日至旬杪女兒艷服帶花滿頭五日前民間不

得市蘇州蓆子端午用角黍杏子相遺挈酒游高粱或天壇壇中有决射者蓋射柳遺意薄暮爭門入無賴子弟以是日刺臂作字或木石鳥獸形民間是日生子束一木或荆條祭于堂斬其木五六尺許祝曰如是止勿長抵戶 北京歲華記

京師最重午節天壇游人極盛聯鑣飛鞚豪門大佔之外則中官輩競以騎射爲娛蓋皆賜沐請假而出者內廷自龍舟之外則修射柳故事其名曰走驃騎蓋沿金元之俗命御馬監勇士馳馬走解不過御前一逞迅捷而已惟閣部大老及經筵日講詞臣得拜川扇香葉諸賜視他令節獨優 野獲編

歐陽原功漁家傲詞五月都城猶衣裌端陽蒲酒新

開臘月傍西山青一掐荷花夾西湖近歲過茗霅血色金羅輕汗搨宮中画扇傳油泓雪腕綵絲紅玉甲添香鴨凉糕時候秋生榻 圭齋集

六月六日本非令節但內府皇史宬晒曝列聖實錄列聖御製文集諸大函則每歲故事也至於時俗婦女多以是日沐髮謂沐之則不膩不垢至於猫犬之屬亦俾浴于河京師象隻皆用其日洗于廓外之水濱一年惟此一度也 野獲編

六月十二日御廐洗馬于積水湖導以紅仗中有數頭錦帕覆之最後獨角青牛至諸馬莫能先也 北京歲華記

歐陽原功漁家傲詞六月都城偏晝永轆轤聲動浮

瓜井海上紅樓欹扇影河朔飲碧蓮花肺槐芽滌綠髩親王初守省乘輿去後嚴廵警太液池心波萬頃閒芳景掃宮人戶撈漁艇 圭齋集

七夕前數日種麥于小瓦器爲牽牛星之神謂五生盆 燕石集

宋褧詩曉凉門巷柳陰蟬九陌晴泥着錦韉到處簾櫳盡相似巧棚人靜五生蔫 同上

七夕宮中最重市上賣巧果人家設宴兒女對銀河拜 北京歲華記

七月十三日至十五日迎節送節咲節 燕北雜記

十三日天子於宮西三十里卓帳宿焉前期備酒饌翌日諸軍部落從者皆動蕃樂飲宴至暮乃歸行宮謂之迎節十五日動漢樂大宴十六日昧爽復往西方隨行諸軍部落大譟三謂之送節 遼史

中元節前上冢如清明各寺設盂蘭會以長椿寺爲盛晦日謂是地藏佛誕供香燭于地積水湖泡子湖各有水燈 北京歲華記

歐陽原功漁家傲詞七月都城爭乞巧荷花旖旎新棚笯龍袖嬌民兒女狡偏相攪穿鍼月下濃粧佼碧玉蓮房和柄拗晡時飲酒醒時卯淋罷麻稭秋雨飽新涼稍夜燈叫買鷄頭炒 圭齋集

八月八日遼俗屠白犬于寢帳前七步瘞之露其喙後七日中秋移寢帳于其上 遼史

中秋夜人家各置月宮符像符上兎如人立陳瓜果于

庭餅面繪月中蟾兎男女肅拜燒香旦而焚之北京歲華記

歐陽原功漁家傲詞八月都城新過雁西風偏解驚游宦十載辭家衣綫綻淸宵半家家擣練砧聲亂等待中秋明月翫客中只作家中看秋草墻頭螢火爛疎鐘斷中心臺畔流河漢圭齋集

遼俗九月九日打圍斗射虎少者爲負輸重九一筵席射罷於地高處卓帳飲菊花酒出兎肝生切以鹿舌醬拌食之燕北雜記

重九日勅賜百官花糕宴燕都游覽志

九日集無定所而阜成門外眞覺寺金剛寶座游人爲多市上賣糕人頭帶吉祥字霜降後鬬鵪鶉籠于袖中若捧珍寶北京歲華記

歐陽原功漁家傲詞九月都城秋日亢馬頭白露迎朝爽曾上西山覩蒼莽川原廣千林紅葉同春賞一本黃花金十鎰富家菊譜籤銀牓龍虎臺前鼉鼓響擎仙掌千官瓜果迎鑾仗圭齋集

十月朔上冢如中元祭用豆泥骨朶北京歲華記

歐陽原功漁家傲詞十月都城家百蓄霜菘雪韭氷蘆菔煖炕煤爐香豆熟皤獐鹿高昌家賽羊頭福貂袖豹袪銀鼠襮美人來往氈車續花戸油牕通曉旭囘寒爍梅花一夜開金屋圭齋集

遼俗至日帝御天祥殿北南臣僚常服入朝依位賜坐契丹南面漢人北面分朋行闘或五或七籌賜膳及茶

若帝得閹臣僚進酒訖以次賜酒 遼史

十一月人家壅戸藏花木于窖食兎羮女子嫁者多歸寧爲母浣濯曰報娘恩琢石如彈丸置于地童子以足送之前後交擊爲勝始擊羯鼓鼓用鐵爲圜單皮覆之每十人五人聚擊女子亦然 北京歲華記

歐陽原功漁家傲詞十一月都人居煖閣吳中雪紙明如瑩錦帳豪家深夜酌金雞喔東家撤雪西家噱纖指柔長宮線弱陽回九九官氷鑿盡道今冬氷不薄都人樂官家喜受新年朔 圭齋集

歲十二月下旬於西鎮國寺內墻下灑掃平地束稈草爲人形一爲狗一剪雜色綵段爲之腸胃選達官世家之貴重者交射之至糜爛以羊酒祭焉祭畢帝后及太子嬪妃并射者各解所服衣俾蒙古巫覡祝讚讚畢遂以與之名曰脫灾國俗謂之射草狗 元史

十二月八日賜百官粥民間亦作臘八粥以米果雜成之品多者爲勝此蓋循宋時故事然宋時臘八乃十月八日也 燕都游覽志

臘月束梅于盎匿地下五尺許更深三尺用馬通燃火使地微溫梅漸放白用紙籠之鬻于市小桃郁李迎春皆然餽遺尚鮮果羯鼓聲益喧曰迎年鼓先除夕一日曰小除人家置酒宴往來交謁曰别歲焚香于戸外曰天香凡三日止帖宜春字小兒女寫好字 北京歲華記

歐陽原功漁家傲詞十二月都人供煖箑宮中障面霜風獵甲第藏鈎環侍妾紅袖壓咲歌聲送金蕉葉

倦客玉堂寒正怯曉洮金井氷生鬣凍合竈觚錫一楪吳霜鑷換年懶寫宜春帖 圭齋集

北人打圍一歲間各有處所五月釣魚海上于水底釣大魚二月三月放鶻號海東青打鴈四月五月打麋鹿六月七月於凉淀坐夏八月九月打虎豹之類自此至于歲終如南人趂時耕種也 使遼錄

金源之制歲以正月如春水九月幸秋山五月之間群臣一進起居表 潛溪集

按春水秋山疑無定所春漁于水則謂之春水秋獵于山則謂之秋山云爾

物產

幽州其利魚鹽其畜宜四擾其穀宜三種 周禮

四擾馬牛羊豕三種黍稷稻 周禮鄭康成注

有熊有羆有貓有虎獻其貔皮赤豹黃羆 毛詩

貔北燕朝鮮之間謂之貊 方言

幽都之山上有元鳥元蛇元豹元虎元狐蓬尾 山海經

北方之美者有幽都之筋角焉 爾雅

燕之角材之美者也 考工記

陳琳武庫賦弩則幽都筋角恒山檿幹逼肌暢骨直矢輕弦當鋒推決貫遐洞堅 賦苑

江統弧矢銘幽都筋角會稽竹矢易以獲隼詩以殪兕 太平御覽

燕有魚鹽棗栗之饒 史記

漁陽泉州有鐵 後漢書

幽州范陽貢綾檀州人葠薊州鹿角膠 唐六典

范陽郡土貢綾綿角弓人葠栗密雲郡土貢人葠麝香漁陽郡土貢白膠 唐書

幽州土產綿絹人葠瓜子貢范陽綾霸州土產絲綿絹涿州土產綾薊州土產鹿角膠人葠遠志白朮檀州土貢安東府人葠又銀錫二穴密雲郡都管又有水精是實出昌平縣 太平寰宇記

霸州信安軍保定軍土貢各絹一十匹 九域志

按范陽之綾貢于唐宋霸州亦產絲絹元於涿州設錦局織染提舉司不知何時遂休其蠶織也

代宗以御馬九花虬并紫玉鞭轡以賜郭子儀范陽郡度使李懷仙所貢也額高九寸毛拳如麟身被五花紋故曰九花虬 杜陽雜編

左行草使人無情范陽長貢之 酉陽雜俎

大興縣產金銀銅鐵藥產滑石半夏蒼朮代赭石白龍骨薄荷五味子白牽牛 金史

山林川澤之產元興因土人呈獻而定其歲入之課產金之所在腹裏曰檀州銀之所在腹裏曰大都銀在大都者至元十一年聽王庭璧於檀州奉先等洞採之十五年令關世顯等於薊州豐山採之珠在大都者元貞元年聽民於楊村直沽口撈採命官買之 元史食貨志

順天府土產豐潤寶坻鹽遵化鐵宛平琉璃房山石炭又密雲出藁本香實坻出銀魚遵化出綿梨宛平西北

齋堂村出畫眉石 明一統志

元於燕北燕南設立鐵冶提舉司大小一十七處約用扇煉人戶三萬有餘歲扇課鐵一千六百餘萬 秋澗集

正統元年十一月復遵化縣舊鐵冶冶自永樂間開設上即位詔書停罷至是行在工部奏復之 英宗實錄

正統初上諭工部軍器之鐵止取足于遵化不必江南收買後復命虞衡司官主之則國初諸官冶雖廢而遵化鐵礦尙足供工部之用也 暇老齋雜記

檀州大峪錐山有鐵礦至元十三年立四冶三十五年罷檀州淘金戶明時亦嘗開採後封閉焉 昌平山水記

遵化鐵爐深一丈二尺廣前二尺五寸後二尺七寸左右各一尺六寸前闢數丈爲出鐵之所俱石砌以簡千

石爲門牛頭石爲心黑砂爲本石子爲佐時時旋下用炭火置二韝扇之得鐵日可四次石子產于水門口色間紅白畧似桃花大者如斛小者如拳擣而碎之以投于火則化而爲水石心若燥沙不能下以此救之則其砂始銷成鐵生鐵之煉凡三時而成熟鐵由生鐵五六煉而成鋼鐵由熟鐵九煉而成其鑪由微而盛而衰最多至九十日則敗矣 春明夢餘錄

燕山多礜石似玉有符采礜帶所謂燕石也 山海經注

宋之愚人得燕石歸而藏之以爲寶 闕子

燕山石出水中名奪玉瑩白而溫潤土人琢爲器頗似眞玉 石譜

京師北二山大石窩水中產白石如玉專以供大內及

陵寢皆砌欄楯之用柔而易琢鏤爲龍鳳芝草之形採盡復生昔人謂愚父所藏燕石當即此耶 五雜組

凡山陵大工所用白石䵝堊皆取于順義西北諸山 昌平山水記

宛平西齋堂村產石黑色而性不堅磨之如墨金時宮人多以畫眉名曰眉石亦曰黛石 燕山叢錄

包金土色微黃中帶金星用以泥祠殿壁出紅石口 昌平州志

玉田縣南有溫泉盛夏之間暖氣如霧有砂隨水而出色白而細磨治金玉能令光瑩吳下玉工皆購此砂爲用 燕山叢錄

京師佳果梨五紫梨青梨白梨大谷梨沙梨棗五纓絡

棗賽梨棗合兒棗無核棗西王母棗密雲棗栗三霜前栗盤古栗鷹爪栗桃八紅桃白銀桃小桃蟠桃合桃酒紅桃霜下桃肅寧八月桃李五紫李綠李黃李麝香李盤山李柰二紫柰綠柰杏二紫杏黃杏 客燕雜記

慕容儁觀兵近郊見甘棠于道周從者不識儁曰此詩所謂甘棠甘者味之主也木者春之行也五德屬仁五行主土春以施生味以養物色又赤者將有赫赫之慶于中土吾謂國家之盛此其徵也傳曰升高能賦可以爲大夫群司亦各書其志吾將覽焉於是內外臣僚並上甘棠頌 十六國春秋

燕地蘋婆果味雖平淡夜置枕邊微有香氣佛書所謂頻婆華言相思也 采蘭雜志

曾傺詩異果曾因釋老知喜看嘉實出京師芳腴絕勝仙林杏甘脆全過大谷梨炎帝遺書慙未錄長卿多病獨相宜由來南土無人識那得靈根此處移 巢睫集

按詩蔽芾甘棠毛公傳甘棠杜也鄭康成注北人謂之杜梨南人謂之棠梨爾雅杜赤棠郭璞曰今之杜梨也樊光曰赤者爲杜白者爲棠陸璣曰赤棠與白杜同但子有赤白美惡子白色爲白棠甘棠也少酢滑美赤棠子澀而酢無味通志甘棠謂之棠梨又有沙棠廣志云如棠味如李無核竊疑今之蘋婆果卽詩所云甘棠而俗呼沙果卽沙棠呼檳子者乃赤棠也其曰棠梨者以花似棠實似梨合而稱之爾

白櫻桃生京師西山中微酸不及朱櫻之甘碩也 因樹屋書影

北地有文官果形如螺味甚甘類滇之馬金囊或云卽是也金囊又譌爲檳榔遂以文官果爲馬檳榔不知文官果樹生馬金囊蔓生也 五雜組

杏仁皆味苦有一種甘者謂之巴旦杏或謂之八達杏 長安客話

綿梨出遵化之石門 湛然居士集

耶律楚材和陳秀玉綿梨詩石門九月西風高綿梨萬樹金垂梢清谿千里攜贈我藤筐乍發香盈包縹

棗紫條生拔俗夜光安可同魚目文園消渴正難禁
齒嚼寒水劚香玉 同上

榛出北山黃花鎮者良 昌平州志

固安之栗天下稱之爲御栗因有栗園 括地志

五方皆有栗惟漁陽范陽栗甜美味長他方者悉不及也 詩草木鳥獸蟲魚疏

栗園在固安縣界北魏孝昌三年上谷賊杜維周遣其黨曹紇眞掠薊南幽州刺史常景遣將于榮擊破之於栗園是也 方輿紀要

左太冲魏都賦信都之棗故安之栗注云故安屬范陽出御栗按水經注云汝南有栗園其栗殊小不並固安之實矣 名勝志

遼於南京置栗園司蕭韓家奴爲右通造典南京栗園是也元昌平縣亦有栗園徹里傳戰于昌平栗園殺二人是也蘇秦謂燕民雖不耕作而足于棗栗唐時范陽以爲土貢今燕京市肆及秋則以餳拌雜石子爆之栗比南中差小而味頗甘以御栗名正不以大爲貴也 析津日記

密雲產棗小者佳 縣志

黃淳耀賣棗兒行燕山棗樹深棗生纍纍懸赤心懸赤心人不喜謂言南方棗如瓜仙種傳來勝於此市兒狡儈生大貪即將北棗呼爲南劚皮脫核開生面北人得棗皆稱善賣棗兒謂言爾黠爾更癡安得終身挾詐不使旁人知 陶菴集

棗條生拔俗夜光安可同魚目文園消渴正難禁寒水劚香玉 同上

榛出北山黃花鎮者良 昌平州志

固安之栗天下稱之爲御栗因有栗園 括地志

五方皆有栗惟漁陽范陽栗甜美味長他方者悉不及也 詩草木鳥獸蟲魚疏

栗園在固安縣界北魏孝昌三年上谷賊杜雒周遣其黨曹紇眞掠薊南幽州刺史常景遣將于榮擊破之於栗園是也 方輿紀要

左太冲魏都賦信都之棗故安之栗注云故安屬范陽出御栗按水經注云汝南有栗園其栗殊小不並固安之實矣 名勝志

遼於南京置栗園司蕭韓家奴爲右通造典南京栗園是也元昌平縣亦有栗園徹里傳戰于昌平栗園殺二人是也蘇秦謂燕民雖不耕作而足于棗栗唐時范陽以爲土貢今燕京市肆及秋則以餳拌雜石子爆之栗比南中差小而味頗甘以御栗名正不以大爲貴也 析津日記

密雲產棗小者佳 縣志

黃淳耀賣棗兒行燕山棗樹深棗生纂纂懸赤心懸赤心人不喜謂言南方棗如爪仙種傳來勝於此市兒狡儈生大貪卽將北棗呼爲南劆皮脫核開生面北人得棗皆稱善賣棗兒謂言爾黠爾更癡安得終身挾詐不使旁人知 陶菴集

穀幽州人謂之穀桑詩草木鳥獸蟲魚疏

松繖產盤山土人目爲紫蘑菇盤山志

雞頭北燕謂之葰方言

天壇生龍鬚菜清明後都人以鬻于市其莖食之甚脆析津日記

藡似燕薁延蔓生葉如艾白色其子赤可食酢而不美幽州謂之推藡卷耳幽州人呼爵耳芣苡幽州人謂之牛舌草葑幽州人或謂之芥菲似葍莖麤葉厚而長有毛可作羹幽州人謂之芴葍幽州人謂之燕葍其根正白可着熱灰中溫噉之芄蘭幽州人謂之雀瓢蔓生葉青綠色而厚斷之有白汁鬻爲茹滑美其子長數寸似瓠子蘞似栝樓葉盛而細其子正黑如燕薁不可食也幽州人謂之烏服蘧似蘆菔而莖赤可瀹爲茹滑而美幽州人謂之蓫茖幽州人謂之翹饒蔓生莖如勞豆而細葉似蒺藜而青其莖葉綠色可生食詩草木鳥獸蟲魚疏

山藥產采育者甘美特異他處析津日記

芧地經冬燒去枯梗至春取土中餘根白如玉者搗汁煎之至甘可爲洗心糖幽燕紀異

京師隆冬有黃牙菜韭黃蓋富室地窨火坑中所成貧民不能辦也今大內進御每以非時之物爲珍元旦有牡丹花有新瓜古人所謂二月中旬進瓜不足道也其宅花果無時無之蓋置炕中溫火逼之使然然經年樹即枯死蓋其氣爲火所傷故也五雜組

牡丹近數曹亳北地則大房山僧多種之其色有夭紅淺綠江南所無也 淥水亭雜識

今朝廷進御常有不時之花然皆藏土窖中四周以火逼之故隆冬時即有牡丹花計其工力一本至數十金此以難得爲貴耳其實不時之物非天地之正也大率北方花木過九月霜降後即掘坑塹深四尺寘花其中周以草秸而密壅之春分乃發不然即槁死矣南方攜入北者如梅桂梔子之屬尤難過臘至茉莉則百無一存矣 五雜組

京師北山鳥有紅雅沙雞文雉半翅獸有虎豹奇狸狼野干白駁豪猪兎麅 薊丘集

鷹有房山白者紫背細斑三斤以上四斤以下便兎生

房山白楊椵樹上向范陽中山飛漁陽白腹背俱白大者五斤便兎生徐無及東西曲一名大曲小曲白葉樹上生向章武合口博海飛黑皂鶻大者五斤生漁陽山松杉樹上多死時有快者章武飛白皂鶻大者五斤生漁陽白道河陽漠北所在皆有生枯栢樹上便鳥向雲丘中山范陽章武飛青斑大者四斤生代北白楊樹上細斑者快向靈丘山范陽飛 酉陽雜俎

鵽鳩褐色昌平北山有之爾雅釋鳥云鵽鳩寇雉是也今土人呼曰沙雞亦呼半翅或曰即突厥雀唐書車鼻未叛鳴鵽羣飛入塞吏曰所謂突厥雀者南飛寇必至爾雅名以寇雉疑古即有此占矣 芹城小志

鵽大如鴿似雌雉鼠脚無後指岐尾爲鳥憨急羣飛出

北方沙漠地爾雅郭璞注

北燕朝鮮洌水之間謂伏雞曰抱爵子及雞雛皆謂之鷇其卵伏而未孚始化謂之涅尸鳩謂之鴶鵴戴勝謂之鵀方言

桃雀狀類黃雀而小燕人謂之巧婦亦謂之女匠禽經

雎鳩深目目上骨露出幽州人謂之鷲雖一名鶚鳩幽州人謂之鷚鵰黃鳥幽州人謂之黃鸝鶹鶹幽州人謂之鸋鴂詩草木鳥獸蟲魚疏

漁陽以豬爲豝纂文

北方黃鼠穴處各有配匹人掘其穴者見其中作小土窖若牀榻之狀則牝牡所居之處也秋時蓄黍菽及草木之實以禦冬各爲小窖別而貯之天氣晴和時出坐

穴口見人則拱前腋如揖狀即竄入穴韓孟聯句所謂禮鼠拱而立者也惟畏地猴地猴形極小人馴養之縱入其穴則啣黃鼠喙曳而出之味極肥美元朝恒爲玉食之獻置官守其處人不得擅取也霏雪錄

黃鼠足短善走極肥見人則交其前足拱而如揖昌平州志

黃花鎮有鼠色如鼲而毛淺初冬掇榛實貯穴中爲岐洞貯之多至二三斗美好倍於人所收者土人每掘取之鼠失榛乃槁死樹上纍纍相望鎮將哀而禁之不能止昌平山水記

刁約使契丹詩云押燕移離畢看房賀跋支餞行三匹裂密賜十貔貍皆紀實也移離畢官名如中國執政官

賀跋支如執房閣匹製小木罌以色稜木爲之如黃漆

貔狸如鼠而大契丹以爲珍膳 古今詩話

澠水燕談載契丹國產大鼠曰毗狸形類大鼠而足短極肥其國以爲殊味穴地取之以供國王之膳自公相以下皆不得嘗常以羊乳飼之頃北使嘗攜至京烹以進御本朝使其國者亦皆得食之蓋極珍重之也張浮休使遼錄亦謂有令邦者以其肉一臠置之食物之鼎則立糜爛是以愛重陸氏舊聞云狀類大鼠極肥腯甚畏日爲隙光所射輒死續墨刻揮犀載刁約使契丹詩所云毗狸如鼠而大穴居食果穀若豘而脆契丹以爲珍膳數說皆微有異同要之即此一物亦竹𪕮貛狸之類耳近世乃不聞有此抑之北客亦多不知何耶 齊東野語

按刁約詩所云貔狸疑即黃鼠也

蝙蝠北燕謂之蟙蠌蜤易北燕謂之祝蜒蚰蜥北燕謂之蚎蜺馬蚿北燕謂之蛆蝶蚍蜉燕謂之蛾蛘蠡燕趙之間謂之蠓螉其小者謂之蠀螉鼅鼄北燕朝鮮洌水之間謂之蝳蜍 方言

螽斯幽州人謂之舂箕莎雞如蝗而斑色毛翅數重其翅正赤六月中飛而振羽索索有聲幽州人謂之蒲錯蟋蟀似蝗而小正黑有光澤如漆幽州人謂之趣織督促之言也里語曰趣織鳴懶婦驚是也 詩草木鳥獸蟲魚疏

蠨蛸亦名長腳此蟲來著人衣當有親客至幽州人謂

之親客䖝幽州謂之蠍蛂燕謂之蛉蚗或名之蜓蚞同上

魴魚廣而薄肥恬而少力細鱗魚之美者漁陽泉州鱮似魴厚而頭大幽州人謂之鴞鷵或謂之胡鱅同上

涿水有魚重鬣甘池有魚一目 析津日記

寶坻銀魚都下所珍北人稱爲麪條魚形似東吳鱠殘而倍大出海中蛤山下秋深霜降上溫泉產子映日望之波浪皆成銀色人每候其至網之 燕山叢錄

寶坻銀魚霜降後自海中蛤山出逆流北上薊州溫泉下育子其色瑩白如銀 寶坻縣志

高承埏食銀魚作一束水參出水痕蘆臺霜信蛤山根只愁糝附油蒸慣食法監廚試細論 稽古堂集

豐潤海出螺大者如斗其殼可以代瓢小者如拳殼可製杯土人謂小者爲甗 燕山叢錄

房山縣有石窩稻色白粒粫味極香美以爲飯雖盛暑經數宿不餲 同上

西山大石窩所收米最稱嘉美 潞水客譚

燕山酒頗佳館宴所餉極醇厚名金瀾葢用金瀾水以釀之者 北轅錄

京師有薏苡實釀之淡而有風致然不足快酒人之吸也易州酒勝之而淡愈甚不知荊高輩所從遊果此物耶 五雜組

薊州薏苡仁酒周氏第一成氏次之三屯營所造更勝清冽秀美有出色香味之表者 鳳洲筆記

京市都城舊日如勾欄衚衕何闉門家布前門橋陳內官家首飾雙塔寺李家冠帽東江米巷党家鞋大柵欄宋家靴雙塔寺趙家薏酒順城門大街劉家冷淘麪本司院劉鶴家香帝王廟街刀家丸藥皆著名一時起家鉅萬至抄手衚衕辛家專煮猪頭內而宮禁外而勳戚皆知其名薊鎮將帥置走馬傳致亦見當時太平勝槩耄隱紀聞

刑部街田家溫麪得名最久廟市之日合食者不下千人舊京遺事

程敏政傅家麪食行傅家麪食天下工製法來自東山東美如甘酥色瑩雪一由入口心神融旁人未許窺炎釜素手每自開蒸籠俟鯖尙食固多品此味或恐無專功并洛人家亦精辦歛手未敢來爭雄主人官屬司徒公好客往往尊壘同我雖北人本南產饑腸不受餅餌充惟到君家不須勸大嚼頗懼冰盤空膝前新生兩小童大者巳解呼乃翁願君飣餖常如豐待我醉攜雙袖中篁墩集

日下舊聞卷三十八終

日下舊聞卷三十八補遺、

風俗

燕性慤其民慎好勇義寡詐謀故陳守而不走 吳子

燕人少思慮多輕薄地使之然也輕死急人俗使之然也 禮書

京師婦女嫁外方人爲妻妾者初看時以美者出拜及臨娶以醜者易之名曰戳包兒過門信宿盜其所有逃去者名曰拏殃兒 菽園雜記

燕城元日以所張供祖考之前三日後撤而焚之佛前則供以果麪所張至元宵後乃焚之所張者鑿紙爲條與冥錢同類正月十日至十六日結燈者各持所有貨于東安門外名曰燈市價有至千金者商賈輳集技藝畢陳冠蓋相屬男婦交錯市樓賃價騰湧十四日夜試燈十五正燈十六罷燈 宛署雜紀

燕都燈市十四日羣兒牽繩爲圓城空其中方丈城中兩兒輪以帕蒙目一兒持木魚時敲一聲旋易其地以誤之蒙目者聽聲猜摸以巧遇奪魚爲勝則拳擊執魚者出之城外而代之執魚又輪一兒入摸之名曰摸瞎魚至十六日小兒羣集市中爲戲首以一人爲鬼繫繩其腰羣兒共牽之相去丈餘輪次躍而前急擊一拳以去名曰打鬼若爲繫者所執謂爲被鬼執閧然共笑捉以代繫者名曰替鬼又有以長絙丈許兩兒對牽飛擺不定令難凝視若百索然其實一索也羣兒乘其動時輪跳其上以能過者爲勝否或爲索所絆聽掌繩者以

繩擊之示罰名曰跳百索其夜婦女羣遊祈免災咎前一人持香辟人名曰走百病凡有橋處三五相率以過謂之度厄 同上

簸泥錢跳白索轉紙風車蹋石毬鞭陀羅擊太平鼓放空鐘京師小兒雜戲也 浮山集

燕京風俗元夜婦女競往前門摸釘爲戲相傳讖宜男也 陳檢討集

燕城烟火諸製有聲者曰響炮高起者曰起火起火中帶炮連聲者曰三汲浪不響不起旋遶地上者曰地老鼠築打有虛實分兩有多寡有花草人物等形者花兒名百餘種别以泥函者曰砂碢兒以紙函者曰花筒以筐函曰花盆統名曰烟火勳戚家有集百巧爲一架分四門次第傳爇通宵以爲樂 宛署雜紀

孟浩然薊門看燈詩異俗非鄉俗新年改故年薊門看火樹疑是燭龍然 襄陽集

都人呼二月二日爲龍擡頭鄉民用灰自門外蜿蜒布入宅厨旋繞水缸呼爲引龍迴 宛署雜紀

清明日各宮安鞦韆架 燕史

三月二十八日燕京祭嶽廟民間集衆爲香會有爲首者掌之盛設鼓樂旗幡戴甲馬羣迎神以往男婦有跪拜而行者名曰拜香 宛署雜紀

四月八日燕京高粱橋碧霞元君廟俗傳是日神降傾城婦女往乞靈祈生子西湖景玉泉碧雲香山遊人相接又傍近有地名秋坡都中伎女競往逐焉俗云趕秋

坡 同上

燕都自五月一日至五日飾小閨女盡態極妍已出嫁之女亦各歸寧俗呼是日爲女兒節 同上

五月五日賜文武官走驃騎于後苑其制一人騎馬執旗引于前一人馳騎出呈藝于馬上或上或下或左右騰擲趫捷人馬相得如此者數百騎後乃衣蕃服臂鷹走犬圍獵狀終場俗名曰走解觀畢賜宴而回 彊識畧

永樂時禁中有翦柳之戲即射柳也 識小編

都人以五月五日遊爲耍青十日遊爲送青 柳堂遺集

九引臺七夕乞巧之所至夕宮女登臺以五采絲穿九孔鍼先完者爲得巧遲完者謂之輸巧各出資以贈得巧者 元掖庭記

七夕各宮供像生牛郎織女從人麒麟象羚羊海馬獅子獬豸兎海味糖果糖菜俱用白糖澆成 光祿寺志

燕都女子七月七日以碗水暴日下各自投小鍼浮之水面徐視水底日影或散如花動如雲細如綫捅如椎因以卜女之巧 宛署雜紀

七月十五日燕城鄉民薥黍苗麻粟茵連根及土縛豎門之左右别東三叢立之門外供以麫果呼爲祭麻穀 月令廣義

燕都士庶中秋餽遺月餅西瓜之屬名看月會 同上

燕市賣鞾人以十月一日爲鞾生日供具祭之以其陰晴卜一冬寒燠 宛署雜紀

京師最重冬節不問貴賤賀者奔走往來家置一簿題

名滿幅自正統己巳之變此禮頓廢 孤樹裒譚

陸釴午門臘八日賜食次文徵仲韻詩漢宮臘日千官會爛熳朱筵傍紫墀浴佛競傳南土俗賜酺初展上方儀瑤堦霽雪輝金仗太液寒雲凍玉巵近侍恩波知爾共還家須擬少陵詩 少石集

燕俗圖竈神鋟于木以紙印之曰竈馬士民競鬻以臘月二十四日焚之爲送竈上天别具小糖餅奉竈君具黑豆寸草爲秣馬具合家少長羅拜祝曰辛甘臭辣竈君莫言至次年元旦又具如前爲迎竈 月令廣義

都下寺院每用歲除鍜磨是日作鍜磨齋 僧圜逸記

燕北風俗不問士庶皆自稱小人宣和間有遼國右金吾衛上將軍韓正歸朝授檢校少保節度使對中人以上語卽稱小人中人以下卽稱我家毎日到漏舍誦天童經自云對天童豈可稱我于是凡稱我者皆改爲小人云皇天生小人皇地載小人日月照小人北斗輔小人然小人有母皆嘗小人之食小人之稱其來古矣施之于經是可笑也 錢氏私誌

燕人諱言四十五歲人或問之不曰去年四十四歲則曰明年四十六歲不知何所爲也 朔紀

江隣幾雜志雄覇沿邊塘泊冬月載蒲葦悉用凌牀沈存中筆談信安滄景之間挽車者衣韋袴冬月作小坐牀氷上拽之謂之凌牀今京師在處有之一人挽行滑如帆駛聞明時積水潭嘗有好事者聯十餘牀攜都籃酒具鋪氍毹其上轟飲氷凌中亦足樂也 倚晴閣雜抄

京師編民男女之未年者因事而出多為姦民所攘女脅為婢子壓為奴否則載至遐徼殊域若遼海若朔漠易羊馬牛駝以規利幸而敗者常少不幸而轉市互鬻使其父子昆弟妻女死生不相聞者比比有焉 歸田類藁

大明門左右日日市曰朝前市東華門外歲燈節十日市曰燈市東華門內月三日市曰內市今移張燈市矣猶稱內市也正陽橋日昃市曰窮漢市城隍廟月朔望二十五日市曰廟市 帝京景物畧

都城市肆初開必盛張鼓樂戶結綵繒賀者持果核堆盤闔以屏風祀神正陽門東西街招牌有高三丈餘者泥金殺粉或以斑竹鑲之又或鏤刻金牛白羊黑驢諸形象以為標識酒肆則橫扁連楹其餘或懸木壟或懸錫盞綴以流蘇挾有限之貲先事無名之費甚無謂也 寄園寄所寄錄

天下有九福京都屏帷福也 紫桃軒雜綴

燕俗謂陰雨為酒色天 帝京景物畧

京師冬月既以紙糊牕格間用琉璃片畫作花草人物蔽之由室中視外無微不矚從外而觀則無所見此歐陽楚公十二月漁家傲詞所云花戶油牕也蓋元時習俗已尚之 蒓鮫詞話

村夫子誨人子弟必其父兄造請而後教之無榜門招致人之理獨京師學究大書其門曰秋爽擇日來學則何異百工之肆大非童蒙求我之義矣 說聽

故事自冬至後至立春日殿前將軍甲士賜酒肉名曰頭腦酒 明典故紀聞

京師期功以下服孝帽頂心皆綴紅絨一朶曰花花孝莫知所自流俗可笑 露書

京師喪禮殯不踰時殯三日具祭墓所曰煖墓亦禮虞祭遺意也 順天府志

故事五月五日太醫院官具旗物鼓吹赴南海子捉蝦蟇取蟾酥以針刺其兩眉蟾多死吾鄉朱公儒爲院使俾兩眉止刺其一蟾雖被刺得活後遂因之 閒史掇遺

冬至日人家畫素梅一枝爲瓣八十有一日染一瓣瓣盡而九九畢則春深矣曰九九消寒圖 帝京景物畧

京尹迎春自春場入府是日塑小春牛芒神以京兆諸

生舁入朝進上 同上

正月十一日至十六日鄉村人縛秫稭作棚周懸雜燈地廣二畝門徑詰曲藏三四里入者誤不得逕即久迷不出曰黃河九曲燈 同上

燈市惟內臣秉筆朝臣閣部外臣計吏不得過市猶古罽幨幕蓋帷遺意 同上

立夏日啟冰賜文武大臣編氓賣者手二銅盞疊之其聲磕磕曰冰盞 同上

十月朔日紙坊剪紙五色作男女衣長尺有咫曰寒衣有疏印緘識其姓字輩行如寄書然家家修具夜奠呼而焚之其門曰送寒衣新喪則以白紙爲之送者皆哭 同上

京師人呼巷爲衚衕世以爲俗字不知山海經已有之食嚻鳥可以止衕郭璞注治洞下也音洞又飛魚食之已痔衕獨衕字未經見 疑耀

昆田謹按衚衕二字元人有以此入詩者衚字載在說文收于廣韻兼平去二音初非俗字也

今京師勾欄中諢語謂紿人者曰黃六余初不解其義後閱一小說黃巢兄弟六人巢行第六而多詐故詐騙人者指爲黃六也 疑耀

元宋正獻公本至治集中有驢牽船賦今京東五牐剝運船多用之 雅坪散錄

京師風俗入冬以地窖養花其法自漢已有之漢世大官園冬種葱韭菜茹覆以屋廡晝夜爇熅火得溫氣諸菜皆生召信臣爲少府謂此皆不時之物有傷于人不宜以奉供養奏罷之但此法以養菜蔬未嘗養花木也今內家十月即進牡丹亦是此法然在漢止言覆以屋廡而已今法皆掘坑塹以窖之蓋入冬土中氣煖其所養花木借土氣火氣相半也 疑耀

燕俗薄骨肉而重交游厭老成而尚輕銳以燕遊爲佚致以飲博爲本業家無儋石而飲食服御擬于巨室囊若垂罄而典妻鬻子以佞佛進香甚則遺骸未收樹幡疊鼓飯僧動費百千貧家亦強爲之風會之趨人情之返始未嘗不樸茂而後漸以漓其變猶江河其流始益甚焉 順天府舊志

今人稱謂敝縣敝郡敝省昉于左傳敝邑謙詞也惟京師至尊所在不敢稱敝字 遯說

都中惡少年狡獪百端閒明季玉河橋有身蒙驢皮黑面利爪夜嚇行旅而謀其財者相傳謂爲真鬼既而事露伏法又有於先農壇北昏夜兩人相接爲長人葛巾木棉袍見者以爲魍魎靡不驚仆因取其衣資并以土塞人口耳鼻中如此者歲餘一夕暗中有人貿貿而來兩人相接而立其人亦漸長反過其頂則真魍魎也隨以足踢兩人一殞于地一氣息尚存爲人言其事云云 查浦輯聞

踏青本清明故事獨燕京以五月五日游天壇松林高梁橋柳林滿井藤陰結伴携觴者甚衆近咸集于金魚

池上他處皆闃寂矣 詠歸錄

京師僧俗念佛號者輒以豆識其數至四月八日佛誕生之辰者煮豆微撒以鹽邀人于路請食之以爲結緣也 陳志

都中遺老述萬曆間西山戒壇四月游女之盛鈿車不絕茶棚酒肆相接于路至有挾妓入寺者一無名子嘲以詩云高下山頭起佛龕往來米汁雜魚鹽不因說法堅持戒那得觀音處處參 辛齋詩話

五刑宮次于大辟肉刑既除墨劓剕永革矣惟京畿民間生子每私自閹割何其忍哉吾鄉高工部承埏知寶坻縣事下車禁私閹甚力終其任縣民無敢犯者洵美政也 戴斗夜談

燕地苦寒寢者不以牀以炕室無東西南北炕必近前榮貧家一壓衾枕之外即街巷婦人安坐炕上市販者至湯餅肴蔌傳食于牕牖中或竟日不作昃晏之炊也 薊丘雜抄

論語伯牛有疾子問之自牖執其手朱子注引禮君視疾南牖北牖之義殊屬苦心以予觀于燕齊之俗人家土炕多近牕牖疑古亦然則問疾者不入戶自牖執手特常事爾不用辭費詮釋也 羣經別解

黃尊素長安竹枝詞作婦由來不費辭不煩井臼不煩炊火燒涼粥牀邊買到晚數錢酒一罐 忠端公集

京師喪家出葬浮費最多一喪車或至百人舁之銘旌有高五丈者纏之以帛費百餘匹其餘香亭幡蓋儀從之屬往往越分又紙糊方相長亦數丈紙房累數十間集送者張筵待之優童歌舞于喪者之側跳竿走馬陳百戲于道尤屬悖禮 薊丘雜抄

王惲論中都喪祭禮事狀切惟送終人子之大事今見中都風俗薄惡於喪祭之禮有亟當糾正者如父母之喪例皆焚燒以爲當然習既成風恬不知痛敗俗傷化無重於此理合禁止以厚薄俗又無問貴賤多破錢物市一切紙作房室侍從車馬等儀物不惟生者虛費於死者寔無所益亦乞一就禁止 烏臺筆補

燕市七月十五夜兒童爭特長柄荷葉然燈其中繞街而走青光熒熒若燐火然 陳志

楊勸農春卿夜讀書有鼠出躍書几上忽投膏甕中楊取一方木覆之隨突以出環書冊走不輟作人語曰油着油着楊咲起曰吾避汝燕城關前晌午市合更忙猝不能過卽擊虛器云油着油着人卽閧避故鼠亦云云聞者爲笑 玉堂叢語

京師舊俗歲終廿四日謂諸神上界其夜家人設祭遣奠致詞且有遏惡揚善之囑 秋澗集

王惲詩五祀開三代人間閱歲華交更同遣謫遣奠具餳茶天潤神駿馭燈清喜結花逢新如有問萬一善相誇 同上

都人生子往往閹割覬爲中官有非分之福或投爲軍或貧緣入廠衛穿白韡刺事又或十五結黨橫行街市間號爲鬭將其游手不自給者月曰閒的兒遇人移居賃運家具而長班一項尤多見士子入京進取輒隨之釋褐後往來挾刺交謁匪惟熟識縉紳邸舍并嫺習各衙門相見儀以是仕者便之然門生屬吏修謁必饜其欲而後許之入見始進者未嘗不以爲憾及爲達官居要路則毎倚之爲耳目腹心矣迨崇禎甲申都城一破士大夫雖至不肖未必盡甘心從賊其如長班爭先具職名投僞政府并各言所居之地於是按名而索降者授官未降者刑辱見任候補諸員無一得免者矣 白頭閒話

黃尊素長安竹枝詞四民到此盡無分半作長班半作軍隣媼生兒齊下祝他年跟得一官員 忠端公集

杜子美詩煖老須燕玉畱青日札燕玉謂燕趙美婦人如玉也枇杷言云思得煖玉之杯也藝林彙考

古詩燕趙多佳人美者顔如玉杜詩煖老須燕玉黄平倩太史贈范遷有云燕玉從教解舉雛說楛

婦人首飾以髮爲之者曰假頭亦曰假髻作俑于晉太元中弘治末京師婦人悉反戴之殆非佳兆儼山集

今京師凡孟春之月兒女多剪采爲花或草蟲之類插首曰鬧嚷嚷卽古所謂鬧裝也嚷與裝音相近故訛也唐白樂天詩貴主冠浮動親王轡鬧裝是已余氏辨林

火葬倡于釋氏末俗因之焚屍之慘行路且不忍見况人孤人弟乎燕京土俗以清明日聚無主之柩堆若丘陵又剖童子之棺殮而未化者裸而置之高處剪紙爲

旗縛之於臂此尤不仁之甚矣或謂火化俗釀自元然世祖至元十五年曾嚴焚屍之禁具載典章論世者未之考爾西神脞說

京師相傳有十可咲光祿寺茶湯太醫院藥方神樂觀祈禳武庫司刀鎗營繕司作場養濟院衣糧教坊司婆娘都察院憲綱國子監學堂翰林院文章猶漢世諺稱舉秀才不知書察孝廉父别居之謂也蕺斗夜談

唐詩詠少年子有云樓下劫商樓上醉又云白晝殺人都市中初讀之以爲過觀於京師之六街九衢市有劫奪居者行者相視而不敢救是則都城習染易地皆然安得趙張王尹諸公一以重法繩之使栗果惡少年交歛迹也寄園寄所寄錄

正統間北京滿城忽唱妻上夫墳曲有旨令五城兵馬禁捕不止明年朝廷有北轅之厄軍沒甚衆京城哭聲震天始驗其事亦氣數之先兆也 暖姝由筆

京城端午貴賤人等必買新蒲鞋穿之過節歲以爲常 同上

宮女衣皆以紙爲護領一日一換欲其潔也江西玉山縣所貢 戒菴漫筆

朝廷每年四月八日賜百官午門外食不落筴曹御史弘云是麪食也醫官張天民云卽今之粽子 同上

端午賜京官宮扇竹骨紙面俱畫翎毛不工絲絛一條五色線編者鬚頭作虎形絲仗二根長丈許五色線纏繞艾虎紙二幅方尺許俱畫虎并諸毒蟲 同上

京師風俗每正旦主人皆出賀惟置白紙簿并筆硯于几賀客至書其名無迎送也 寓圃雜記

京師八月秋社各以社餻社酒相饋送貴戚宮院多切肉和蔬果鋪于飯上謂之社飯人家婦女皆歸外家姨舅輒以新葫蘆貽之云宜外甥 白得語

京師擔水人皆係山西客戸雖詩禮之家擔水人皆得窺其室是以遇選宮人大典宛平兩縣拘水戸報名宮籍莫得匿焉 舊京遺事

李紳周員外席上觀柘枝詩畫鼓拖環錦臂攘今京師迎年鼓製施兩銅環以手擎之高下環聲索索鼓聲相間疑卽其遺製也 西神脞說

燕代田畜而事蠶 史記貨殖傳

婦人勻面古惟施朱傅粉而已至六朝乃兼尚黃幽怪錄神女智瓊額黃梁簡文帝詩同安鬟裹撥異作額間黃唐溫庭筠詩額黃無限夕陽山又黃印額山輕爲塵又詞蘂黃無限當山額牛嶠詞額黃侵膩髮此額粧也北周靜帝令宮人黃眉墨粧溫詩柳風吹盡眉間黃張泌詞依約殘眉理舊黃此眉粧也段氏酉陽雜俎所載有黃星靨遼時燕俗婦人有顏色者目爲細娘面塗黃謂爲佛粧溫詞臉上金霞細又粉心黃蘂花靨宋彭汝礪詩有女夭夭稱細娘眞珠絡髻面塗黃此則面粧也 西神脞說

彭汝礪詩有女夭夭稱細娘眞珠絡臂面塗黃南人見怪疑爲瘴墨吏矜誇是佛粧 鄱陽集

燕地上元節用烏金紙剪成飛蛾以猪鬃尖分披片紙貼之或五或七下縛一處以鍼作柄婦女戴之名曰鬧蛾兒此古之遺俗也 瑣譚

立春日啖春餅謂之咬春立春後出游謂之討春 陳檢討集

京師臘月河冰結時水面多設冰床往來絡繹以供行客其捷如飛較之坐騎乘車遠勝多矣 同上

元靜修劉先生過易臺詩云萬里河山有燕趙百年風氣自遼金易臺今順天所屬地也太宗皇帝相都其處以控要害燕趙河山鉤距盤固百七十年來衣冠文物之化煥然盛備舊習已移其未純者冶容觕悍之俗爾 夢蕉詩話

明制直房內官與司房宮人俱有伉儷謂之對食又謂之菜戸若强作伉儷者稱白浪子 西河詩話

頟鄂也有垠鄂也故幽州人則謂之鄂也 釋名

物產

天寶中安祿山自范陽入覲貢白玉簫管數百陳于梨園樂書

薊州產褐黃石硯理麤發墨不滲類夔石土人刻成硯以草一束燒過爲漫灰煨之色遂變紫用之不燥稗史彙編

安息香都中有數種統名安息其最佳者劉鶴所製月麟聚仙沉速三品百花香即下矣龍挂香有黃黑二種黑者價高惟內府者佳劉鶴所製亦可芙蓉香煖閣香亦劉鶴所製龍樓香萬春香內府者佳甜香惟宣德年製淸遠味幽鐔黑如漆白底上有燒造年月每鐔一斤有錫蓋者方眞黑香餅亦以劉鶴製者爲上前門外李

家印各色花巧者亦妙東院王鎭所製黃香餅黑沈色無花紋者亦佳線香則數前門外李家每束價直一分又有以檀香入菩提子中孔着眼引繩謂之灌香數珠京師有人能爲之亦絶技也考槃餘事

萬曆間恭順侯家香最良寶顏堂筆記

京師無筍以蘆芽爲筍按杜詩渚秀蘆筍短又云泥筍苞初荻又云春飯兼苞蘆注苞蘆筍也則唐時已尙之排悶錄

大房山有草葉初生類椿芽微有白毛上方山僧摘以爲蔬食之甚腴日爲薊頭菜寰宇記

人薓有生幽州檀州者爲藥無效茶經

豐臺種花人都中目爲花兒匠每月初三十三二十三

日以車載雜花至槐樹斜街市之桃有白者梨有紅者杏有千葉者索價恒浮十倍日昳則雖不得善價亦售矣桃花白者見于詩人吟詠絕少紅梨則歐陽永叔有詩所云紅梨千葉愛者誰白髮郎君心好奇是也楊廷秀杏花詩于中更有紅千葉且道化工奇不奇斯亦上苑之異種矣聞百花陀所產更異雙匡一澗下上皆花村民多有不知其名者惜無荷擔者載之入市也 六街花事

馬祖常謝杏子詩杏子黃金色筠籠出薊丘味甘醒午寢可是督詩郵 石田集

荷包牡丹草本一名朝鮮牡丹花似僧鞵菊而深紫色其以牡丹名者因其葉相類也京師槐樹斜街慈仁寺藥王廟花市恒有之 六街花事

虞書擊石拊石百獸率舞至唐開元中教習舞馬曲盡其態杜甫詩舞馬解登牀陸龜蒙詩月窟龍孫四百蹄驕驤輕步應金鞞皆紀其實也鄭嵎津陽門詩云幽州曉進供奉馬玉珂寶勒黃金羈又云馬知舞徹下牀榻人惜曲終更羽衣然則舞馬產于幽州者爲多也 說聽

塞外以善馬來貢者上俾之教習衣以文繡絡以金鈴飾其鬣間雜以珠玉其曲傾盃樂者數十回奮首鼓尾縱橫應節又施三層板牀舞馬于上抃轉如飛或命壯士舉榻馬舞于榻上樂工數十人立于前後左右皆衣淡黃衫文玉帶必求年少而姿白美秀者 明皇雜錄

舞馬衣紈綺而被鈴鐸驤首奮鬣舉趾翹尾變態動容

皆中音律安祿山將數匹以歸而私習之其後田承嗣代安有存者一旦于廐上聞鼓聲頓挫其舞廐人惡之舉箠以擊之其馬尚爲怒未妍妙因更奮擊宛轉曲盡其態廝恐以告承嗣以爲妖遂戮之而舞馬自此絕矣 津陽門詩注

唐子西舞馬行云天寶舞馬四百蹄綵牀䙝步不點泥

按魏志陳思王上文帝表曰臣于武皇世得大宛紫騂馬一匹教令習拜今已能拜又能行與鼓節相應是知馬可教以舞不獨唐也 猗覺寮雜紀

徐積舞馬詩開元天子太平時夜舞朝歌意轉迷繡榻盡容騏驥足錦衣渾蓋渥洼泥纔敲畫鼓頭先奮不假金鞭勢自齊明日梨園翻舊曲范陽戈甲滿關

西 節孝先生集

周霆震讀天寶遺事詩太液華清汙祿兒從官千騎競西馳君恩舊日深如海賴有鄭盃舞馬知 石初集

幽州之墟有善鳴之禽人面鳥喙八翼一足毛色如雉行不踐地名曰青鸐 拾遺記

張能臣記天下酒名保定軍有知訓堂酒杏仁酒 曲洧舊聞

予甞燕京會同館有梁大使者先朝內侍官也入館傳旨賜金瀾酒二餅銀魚牛魚二盤餅盤皆金銀爲之升龍交錯形製甚精古且并令留之古樂府曰月穆穆以金波又曰洞庭秋月生湖心層波萬頃如鎔金金瀾之名其取諸此乎然金瀾者金運其將闌也銀魚長尺餘

比南方者尤大牛魚出混同江其大如牛或云可與牛同價故名又燕中暑月於氷窖造御酒甚清冽使至嘗被賜女眞人多釀糜爲酒醉則殺人盛餟以鳫粉爲貴以木柈貯之其滿黑色以生葱蒜韭之屬置于上臭不可近又俗重茶食阿姑打開國之初尤尚此品若中州餅餌之類多至數十種用大盤累釘高數尺所至供客賜宴亦用焉一種名金剛鐲最大 海陵集

周麟之金瀾酒詩金瀾酒皓月委波光入牖氷臺避暑壓瓊艘火坑敵寒揮玉斗追歡長是秉燭游日高未放傳杯手生平飲血狐兎場釀糜爲酒氊爲裳猶存故事設茶食金剛大鐲胡麻香五辛盈柈鳫粉黑豈解玉食羅雲漿南使來時北風冽氷山峩峩千里

雪休嗟北酒不辭人別有班觴下層闕或言此酒名金瀾金數欲盡天意闌醉魂未醒醆未覆會看骨肉爭相殘一雙寶榼雲龍蟠明日朝辭倒壺去只留餘瀝酹昭臺帝鄉自有薔薇露 同上

周樞密麟之充金哀謝使金主愛之享以所釣牛魚非舊例也樞密糟其首歸獻于朝同館王龜齡目爲魚頭公聞金人甚貴此魚一尾之直與牛同 二老堂雜志

衛侯以百花露名酒多至百種大內每需之 賴古堂集

霧靈山樹有瘰癧如黑芝戚元敬將軍製以爲杯裹飾白金以遺朔士諸公爲作芝杯歌其實不雅且易蛀也 碣石叢譚

王逸荔支賦云北燕薦朔濵之巨栗庾肩吾謝東宮栗

敵云未若北燕巨實用奪榮枯似乎栗以大爲貴然燕人之論殊不爾也 詠歸録

曹子建艷歌出自薊北門遥望湖池桑枝枝自相值葉葉自相當庾子山詩桑葉紛紛落薊門王介甫詩幽燕桑葉暗川原盖幽薊古多樹桑此桑乾所以名河樓桑所以名村也今則千里之內樹桑絶少矣 屯齋詩話

端拱二年六宅使何承矩請于順安砦西引易河築堤爲屯田旣而河朔連年大水承矩又言宜因積潦蓄爲陂塘大作稻田以足食會滄州臨津令閩人黄懋上書言河北州軍多陂塘引水溉田省功易就三五年間公私必大獲其利遂以承矩爲制置河北沿邊屯田使懋爲大理寺丞充判官發諸州鎭兵一萬八千人給其役

於雄莫霸州平戎順安等軍興堰六百里置斗門引淀水灌溉初年種稻値霜不成懋以晩稻九月熟河北霜早而地氣遲江東早稻七月卽熟取其種課令種之是歲八月稻熟初承矩建議沮之者頗衆旣種稻不成群議愈甚至是承矩載稻穗數車遣吏送闕下議者乃息而莞蒲蜃蛤之饒民賴其利 宋史食貨志

昆田謹按雄霸之間無處非水地最宜稻而北人不好食稻每云食之病熱然都城百萬戸糴太倉稻米食者甚多未見其病安在習俗之不可移乎使倣何黄之策行之誠足民之要術也

燕地苦寒惟草花異種最多江南委之水濱籬外者無

不釀豔蒸芳鮮奇炫目至有不能辨名者長安問花記
京師多海棠初以鐘鼓樓東張中貴宅二株爲最嘉隆間數左安門外韋公寺萬曆中又尚解中貴宅所植高明區中允大相詩解家海棠帝苑邊開時車馬日喧闐是也今舊本俱無存矣輿志
東薔色靑黑粒如葵子語曰貸我東薔償我白粱幽并皆有之廣志
稔舍南方草木狀鹿葱有紅黃紫三種任彥升述異記萱草一名紫萱今京師有草花葉皆絕類萱春時葉布地經暑則朽及秋花發則葉已無存矣都人謂曰孤挺花花澹紫色疑即紫萱也六街花事
吾鄉稻熟時張羅以捕黃雀北則陶家莊南則馬家疃

所產獨肥腴物者比之披綿朶頤者侈爲珍饌京師則不然田雀以四月肥背有黃羽與江鄉純色者別而以江南食法製之亦甚腴美蓋江南黃雀所食者稻疑北地以食麥而肥也小丹丘客談
蘄州邊塘濼霜蟹當時不論錢也春渚紀聞
宣銅鑪款莫若彝乳鑪之口經三寸者其製百摺彝鑪乳鑪戟耳魚耳蜒蚰耳薰冠象鼻獸面石榴足橋囊香奩花素方圓鼎上也角端象頭鬲判官耳雞腿脚扁鑪翻環六稜四方直脚鑪漏空桶鑪竹節分襠索耳等下也耳有別鑄磨治釘入分寸始合者其色彷宋燒斑者初年色也尚沿永樂鑪製蠟茶本色中年色也本色愈澹者末年色也後人辨宣鑪色五等栗色茄皮色棠梨

色褐色而藏經紙色爲最鎏金色有次本色爲掩銅質也鎏腹以下曰湧祥雲鎏口以下曰覆祥雲雞皮色者覆手色跡如雞皮拂之實無跡火氣久而成也其欵陰印陽文眞書大明宣德年製僞造者有施家北鑄蔡家蘇鑄甘家南鑄舊鑪僞欵者有永樂之燒斑彜景泰成化之獅頭彜後人僞鑿宣欵以重其價眞鑪眞欵而釘嵌者當年監造官每種成不敢鑄欵呈上准用方依欵色配者鑿空嵌入其縫合在欵隅邊際但從覆手審視覺有微痕爾相傳宣廟時内佛殿災金銀銅像流液因用鑄器非也宣廟欲鑄鑪問工銅以何法煉而佳工奏煉至六次則現殊光寶色異恒銅矣上曰煉十二次煉

已條之置鐵鋼篩格赤炭鎔之其清者先滴則以鑄鑪存格上者以作他器云 帝京景物畧

宣紙至薄能堅至厚能膩有貢箋有綿料邊有宣德五年造素馨紙印又有白箋洒金箋五色粉箋金花五色箋五色大簾紙磁青紙以陳清欵爲第一 同上

漆器古有犀毗剔紅戧金攢犀螺鈿國朝可傳則剔紅塡漆剔紅宋多金銀爲裏國朝以錫木爲胎永樂中果園廠製也 同上

枕頂香印作枕板陰乾自大内出者旁有嘉靖年造塡以金字鍩作扇牌等用甚香 香乘

大都之鹽于南北二城置局十有五處每局日賣十引設賣鹽官二員以歲一周爲滿 元史食貨志

螳蜋陶弘景云燕趙謂之蝕肬今人病贅肬者捕食之爾雅疏刻本誤食厖藝文類聚刻本誤食朧 小化書

契丹主達魯河鉤牛魚以其得否占歲好惡近世周茂振使金金主賜之魚曰手所親釣者金亦用遼制也王易燕北錄云牛魚背長鱗硬頭有脆骨重百斤即南方鱏魚也鱏鱘同然本草既有鱘魚又別有牛魚云生東海頭如牛則牛魚別是一種非鱘也馮道使契丹詩曰曾叨臘月牛頭賜史謂契丹眞以牛頭賜之非也契丹主率以臘月打圍因敲氷鉤魚則臘月牛頭者正本草所著東海之魚其頭如牛者也非眞牛頭也 演繁露

大都酒使司于葡萄酒三十分取一至元十年抽分酒戶白英十分取一爲御史臺所察議得葡萄酒漿雖以

酒爲名其實不用米麴難同醞造別酒一體辦課仍改正三十分取一 元典章

魏延興二年四月幽州獻白鵲太和十七年正月幽州獻白雉景明四年六月幽州獻四足烏正始元年五月幽州獻三足烏延昌四年十二月幽州獻白雉正光元年十月幽州獻白烏武定元年七月幽州獲白狐以獻 魏書靈徵志

皇慶元年上賜大都留守臣伯帖木兒白兎鶻一翎翮皓潔白雪同皎至延祐元年毛羽變赤光采艷奕異于尋常雖老于五坊者亦不知其所以然也 松雪齋集

紂以紅藍花汁凝作燕脂以燕國所生故名 中華古今注

金章宗宮中以張遇麝香小御團爲畫眉墨桃林伐山

燕中西山黒石狀儼若英石而崒屼巉巖紋片皺裂過之可作研山者頗多但石性鬆脆不受擊觸爾遵生八箋

古銅以褐色爲上水銀黒漆鼎彝爲次青綠者又次之宣廟喜倣褐色故宣銅此色爲多宣銅小者如百摺彝爐乳爐雨雪點金片貼鑄戟耳彝爐石櫃足者更佳赤金霞片小元鼎爐象頭鬲爐五供養細腰臺盤滲金雙螭箸架香合匙餅蟠螭鎮紙種種皆精大如鼎爐角端獸爐方耳壺商從尊精美可翫其底識文用匾方印子陽鑄大明宣德年製眞書字畫完整印地光滑蠟色可愛他如判官耳雞腿腳扁爐翻環六稜四鑄滲金番字

花餅四方直腳爐翻環元餅蓋鑿錢文漏空桶爐皆下品也蓋宣鑄多用蠟茶漆金二色蠟茶以水銀浸擦入肉薰洗爲之滲金以金鑠爲泥數四塗抹火炙成赤所費不貲非民間可能彷彿也同上

大內洒金五色粉箋五色大簾紙洒金箋最細密有等白箋堅厚如版兩面研光如玉潔白有印金花五色箋紙又若磁青紙如叚素堅韌可寶多用寫泥金字經有等藍色者薄而不佳同上

永樂年果園廠製盒漆朱三十六遍爲足時用錫胎木胎雕以細錦者多底用黒漆鍼刻大明永樂年製宣德時製同永樂而紅則鮮妍過之器底亦光黒漆刀刻大明宣德年製六字以金屑填之同上

燕中𣗥花有千瓣白、千瓣粉紅、千瓣黃，大約者比他處不同，中心花瓣如起樓臺，謂之重臺石𣗥。同上

玫瑰花有二種，其一種色黃，出燕中，花稍小于紫玫瑰。同上

昆田謹按：黃玫瑰京師目爲刺梅者是也。

琉璃廠原爲燒殿瓦之用，瓦有黃碧二種，明代各廠俱有內官司之。如殿瓦之外所製，一曰魚瓶，貯紅魚雜翠藻于中；一曰琉璃片，以五色渲染人物花草，煉成嵌入窗戶；一曰葫蘆，小者寸許，大或至徑尺，其色紫者居多；一曰響葫蘆，小兒口銜噓吸成聲，俗名倒掖氣；一曰鐵馬，懸之簷以受風戛者也。按漢書西域傳罽賓國有琥珀流離，師古注引魏畧云：大秦國出赤白黃黑青綠縹紺紅紫十種流離。此蓋自然之物。考北史魏太武時月

氏人商販京師，自云能鑄石有五色琉璃，于是采石礦中鑄之，光澤美于西來者，則是西域琉璃亦用石鑄，非自然生成者矣。今廠中所鍊，大約本月氏人遺法也。倘晴閣雜鈔

凡製琉璃，先以琉璃爲管焉，必有鐵杖剪刀焉，非是弗工。石之在冶，渙然流離，猶金之在鎔，引而出之者杖之力也，受之者管也，授之以隙，納氣而中空，使口得爲功，管之力也。引之使長，裁之使短，拗之使屈，突之使高，抑之使凹，剪刀之力也。凡爲葫蘆，先得提，後得腹，接處爲腰；凡爲魚瓶，先得口，次得腔；凡爲響器，先得下口，後得上口；凡爲燈碗，先得圓毬，吸其下，按其上，斷其臍而坐

之上反爲底下反爲面凡爲鼓瑠先得葫蘆旋燒其底而凹流之以均其薄欲平而不平使微杻焉以隨氣之動乃得鳴鼓瑠者響葫蘆也 顔山雜紀

出藥土地檀州人參幽州人參蛇膽知母 藥錄纂要

燕人膾鯉方寸切其腴以啗所貴 山谷別集

燕之筆霜雪頴也勁而莫爲屈勁者艱於如意手指既据致牽其臂而爲用然不數日鋒方練布畫愈精 秋澗集

王惲贈筆工張進中詩書藝與筆工兩者趣各異工多不解書書不究筆製二事互相能萬頴卒如志進中本燕產茹筆鐘樓市雖出劉遠徒妙有宣城致我藏一巨弗用久等箏敝授之使改作切屬鋒健銳疏

治近月餘去索稱不易先生莫促迫致思容仔細中書不中書安用從新繫揭來欵見投入手知利器文房三貴人刮目喜相視正緣兩資籍辨此揮灑枝吾錐兀不銛甘分置散地馳騁翰墨場又匪老人事不辭來縛坐但愧簡拔意于正 進中字 來索詩一咲吐吾喙走書豪頴辭遂擬俳爲戲 同上

雄覇武清等處俱係河泊斥鹵地面其間貧難人戶别無營產止仰捕魚爲生魚官劉古乃所管打魚人戶七十六戶每年納魚二千餘頭 烏臺筆補

范陽去都百里而遠土風宜麥與稻北齊皇建中平州刺史嵇曄建議開督亢舊陂歲收稻數十萬石北境賴以周贍此其驗也 同上

曰玉石産大石窩青砂石産馬鞍山牛欄山石徑山紫石産馬鞍山豆渣石産白虎澗大石窩至京城一百四十里馬鞍山至京城五十里牛欄山至京城一百五里白虎澗至京城一百五里折方估價則營繕司主之 明水軒日記

燕脂本燕國所出故名今人寫燕字加月甚有因旁加月者失其本矣 余氏辨林

燕古惟以函名追元有神臂杜子之弓神鳳摺疊之弩筋蹄鋼根之鐙象掌躍圈之甲 燕史

北京諸處多出石炭俗稱爲水和炭可和水而燒也 戒菴漫筆

朝廷內用炭俱圓木所燒渾淪一樣長尺許兩頭磨光外有麻路恐爆用穀糠火煨熟一筐三四十斤 暖姝由筆

周時燕王進馬一形十影言其駿也殷文圭啟二首六身英雄雅符于晉史一形十影遐程遂遠于燕山 海錄碎事

順天府西山與天壽山相接大雪初霽千峯萬壑積素凝華若圖畫其石精巧人常以此亮英石但色枯不甚黑耳 素園石譜

楊大年石硯詩云得自燕臺側然則燕石亦可作硯也 硯箋

日下舊聞卷三十九

雜綴

文王得大秦貝徑半尋穆王得其殼懸于觀秦穆公以遺燕 相貝經

燕昭王好道仙人甘需臣事之爲王述昆臺登眞之事去嗜欲徹聲色無思無爲可以致道王行之旣久谷將子乘虛而集告于王曰西王母將降觀爾之所修示爾以靈元之要後一年王母果至與王游燧林之下說炎皇鑽火之術然綠桂膏以照夜忽有飛蛾銜火集王之宮得圓丘珠砂結而爲珮王登握日之臺得神鳥所銜洞光之珠以消煩暑自是王母三降于燕宮而昭王狥于攻取不能遵甘需澄靜之旨王母亦不復至 仙傳拾遺

燕昭王坐通雲堂亦曰通霞臺以龍膏爲燈光耀百里臺左右種恒春之樹葉如蓮花 拾遺記

燕昭王坐祇明之室升于泉昭之館此館常有白鳳白鸞遶集其間 同上

朔人獻燕昭王以大豚年百二十矣人謂豕仙王命豕宰養六十五年大如沙墳足如不勝其體王異之令銜官橋而量之折十橋豕不量又命水官舟而量之其重千鈞其巨無用燕相謂王曰奚不饗之王乃令膳夫烹之夕見夢于燕相曰造化勞我以豕形食我以人穢吾患其生久矣仗君之靈得化吾生爲魯之津伯燕相游乎魯津有赤龜奉璧而獻 符子

鄒衍事燕惠王盡忠左右譖之王王繫之獄仰天哭夏五月天爲之下霜 淮南子

燕人長于楚老而還過晉同行者紿晉之城指曰此燕國之城其人愀然變容紿指社曰此若里之社乃喟然而歎指舍曰此若先人之廬乃泫然而泣指壠曰若先人墓其哭不自禁同行者啞然大笑曰余等紿若乃晉國爾其人慚及至燕國之城社眞見先人之廬冢悲心更微 列子 依太平御覽節本

衛人能以棘刺之端爲母猴燕王說之養之以五乘之奉王曰吾試觀客爲棘刺之母猴客曰人主欲觀之必半歲不入宮不飲酒食肉雨霽日出視之晏陰之間而棘刺之母猴乃可見也燕王因養衛人不能觀其母猴

鄭有臺下之冶者謂燕王曰臣削者也諸微物必以削削之而所削必大於削今棘刺之端不容削鋒難以治棘刺之端王試觀客之削能與不能可知也 韓非子

燕人李季好遠出其妻私有通於士李突至士在內中妻患之其室婦曰令公子裸而解髮直出門吾屬佯不見也於是公子從其計疾走出門季曰是何人也家室皆曰無有季曰吾見鬼乎婦人曰然爲之奈何曰取五姓之矢浴之季曰諾乃浴以矢一曰浴以蘭湯 同上

郢人有遺燕相國書者夜書火不明因謂持燭者曰舉燭云而過書舉燭舉燭非書意也燕相受書而說之曰舉燭者尚明也尚明也者舉賢而任之燕相白王大說國以治 同上

荆軻至燕愛燕之狗屠及善擊筑者高漸離荆軻嗜酒日與狗屠及高漸離飲于燕市酒酣以往高漸離擊筑荆軻和而歌于市中相樂也已而相泣旁若無人者 史記

秦舞陽者燕國人年十二以勇氣聞人犯必殺之莫有敢近視 幼童傳

田光答太子曰竊觀太子客皆無可用者夏扶血勇之人怒而面赤宋意脉勇之人怒而面青武陽骨勇之人怒而面白惟荆軻者神勇也怒而色不變 燕丹子

自齊威宣時騶子之徒論著終始五德之運及秦帝始皇采用之而宋毋忌正伯僑充尚羨門子高最後皆燕人爲方仙道形解銷化依於鬼神之事 史記

韓福者涿人以行義修潔著名昭帝時霍光秉政表顯義士郡國條奏行狀天子謂福等五人行誼最高徵至京兆病不得進元鳳元年詔策曰朕愍勞福以官職之事賜帛五十匹遣歸其務修孝悌以教鄉里福歸終身不仕卒于家 高士傳

蓋延漁陽要陽人長八尺彎弓三百斤 東觀漢記

鄧訓將黎陽營兵屯漁陽遷護烏桓校尉黎陽營故吏皆戀慕知訓好以青泥封書從黎陽步推鹿車載青泥至上谷遺訓 同上

鳳綱者漁陽人也常采百草花以水漬封泥之自正月始盡九月末止埋之百日煎九火卒死者以藥內口中皆立活綱常服此藥至數百歲不老 神仙傳

盧充范陽人家西三十里有崔少府墓充年二十于冬至一日出宅西獵射麞中之麞倒而起充逐之不覺忽見道北高門瓦屋四周有如府舍不復見麞門中一鈴下唱客前有一人投一襆新衣曰府君以遺郎充着訖進見少府語充曰尊府君不以僕門鄙陋近得書爲君索小女爲婚故相迎耳便以書示充父亡時充雖小然已識父手跡卽歔欷不復辭便敕內盧郎已來可使女粧嚴既就東廊至黃昏內白女郎裝嚴畢崔語充可至東廊既至女已下車立席頭却共拜時爲三日給食三日畢崔謂充曰君可歸女生男當以相還無相疑生女當留養敕內嚴車送客充便辭出崔送至中門執手涕零出門見一犢車駕青衣又見本所着衣及弓箭故在門外尋遺傳教將一人捉襆衣與充相問曰姻授始爾援始別甚悵恨今故致衣一襲被褥自副充上車去如電逝須臾至家母見問故充悉以狀對別後四年三月充臨水戲忽見傍有犢車乍沉乍浮既而上岸同坐皆見而充往開其車後戶見崔氏女與三歲男共載女抱兒以還充又與金椀幷贈詩曰煌煌靈芝質光麗何猗猗華艷當時顯嘉異表神奇含英未及秀中夏罹霜萎榮耀長幽滅世路永無施不悟陰陽運哲人忽來儀今時一別後何得重會時充取兒椀及詩忽不見充後乘車入市賣椀冀有識者有一婢識此還白大家曰市中見一人乘車賣崔氏女郎棺中椀大家卽崔氏親姨母也遣兒視之果如婢言乃上車敘姓名語充曰昔我姨

嫁少府女夫出而亡家親痛之贈以金椀著棺中可說
得椀本末充以事對此兒亦爲悲咽齎還白母母即令
詣充家迎兒還諸親悉集兒有崔氏之狀又復似充貌
兒椀俱驗姨母曰我外甥也即字溫休溫休者是幽婚
也遂成令器歷郡守子孫冠蓋相承至今其後植字子
幹有名天下 搜神記

劉虞爲幽州刺史常著氈裘 謝承後漢書

劉虞在幽州清靜儉約以禮義化民靈帝時南宮災吏
遷補州郡者皆責助治宮錢或一千萬或二千萬富者
以私財辦或發民錢以備之貧而清慎者無以充調或
至自殺靈帝以虞清貧特不使出錢 王沈魏書

幽州歲不登人以棗椹爲糧穀一石十萬錢公孫伯圭

開置屯田稍稍得給 漢末英雄記

陽球爲幽州從事部分邊塞職事修理 續漢書

田疇北平人也劉虞爲公孫瓚所害疇追慕無已往虞
墓設雞酒哭之音動林野翔鳥爲之悽鳴走獸爲之悲
吟疇卧于草間忽有人通云劉幽州來欲與田子泰言
疇神悟遠識知是虞之魂既進而拜疇泣不自止因相
與進雞酒疇醉虞曰公孫瓚購子甚急宜竄伏避害疇
對曰君臣之道生則盡其義今見君之靈願得同歸九
泉骨且不朽安可逃乎虞曰子萬古之高士也深慎爾
儀奄然不見而疇醉亦醒 拾遺記

陶潛擬古詩辭家夙嚴駕當往至無終問君今何行
非商復非戎聞有田子春節義爲士雄斯人久已死

鄉里習其風生有高世名旣沒傳無窮不學狂馳子直在百年中 陶徵士集

按魏志田疇字子泰而淵明集本皆作子春

方孝孺田疇贊古之觀人不於用舍考其所存以第高下譬諸龍駒垂首糞車豈以其賤斥之爲駑齊侯千駟如南面王仲尼之歎夷齊有光漢季分爭得國者操吾獨何爲田疇是悼操雖據國犬鼠之雄殺后無君天下不容奚若田疇忠義蓋世委質劉虞身死靡貳使受之命爲漢大臣殺操復漢必不顧身嗚呼鄙夫惟利是就誰能爲疇我與爲友 遜志齋集

劉虞見殺故常山相孫瑾掾張逸張瓚等忠義奮發相與就虞罵公孫瓚極口然後同死 漢末英雄記

先主與劉璋會涪時張裕爲璋從事侍坐其人饒鬚先主嘲之曰昔吾居涿縣特多毛姓東西南北皆諸毛也涿令稱曰諸毛繞涿居乎裕卽答曰昔有作上黨潞長遷爲涿令者去官還家時人與書欲署潞則失涿欲署涿則失潞乃署曰潞涿君先主無鬚故裕以此及之 三國志

簡雍涿郡人雍本姓耿幽州人語謂耿爲簡遂隨音變之 三國志注

晉武帝太康九年幽州塞北有死牛頭語近牛禍也 晉書

太康九年幽州有犬鼻行地三百餘步 宋書五行志

高原漁陽雍奴人晉安北將軍上谷太守關中侯有碑

在薊中 北史

石勒既克薊城問棗嵩曰幽州人士誰最可者嵩曰燕國劉翰德素長者北平無終陽裕幹事之才勒方欲任之裕乃微服潛遁 晉書載紀

周存字道名漁陽人王彭祖叛母遇寇離失時所在分崩州郡隔異存冒難相求自河以北無不周徧復傳母在昌黎燕之所統存投高祖客之爲置酒於坐問存失母來幾年相見當識否言未止存涕泗覆面尋聲而對辭甚悲酸高祖爲之動容由是意遇倍加停朞不得母問將辭歸高祖意欲留之而未顯也存謝曰老母未審存亡小弟無所依倚寢食不敢廢于心昔徐庶指方寸以求辭今存披肝以表情願明公恕之高祖矜之聽去 燕書

李產字子僑范陽人仕于石氏爲本郡太守及慕容儁南征前鋒達郡界鄉人皆勸產降衆潰始詣軍請降儁嘲之曰卿受石氏寵任衣錦本鄉何故不立功于時而反委質乎產泣曰犬馬爲主豈忘自効但以勢蹙歸死實非誠欵儁嘉其忼慨乃擢用之 晉書載記

佛圖澄嘗與石虎共升中臺澄忽驚曰幽州當火災乃取酒噀之久而笑曰救巳得矣虎遣驗幽州云爾日火從四門起西南有黑雲來驟雨滅之雨亦頗有酒氣 神僧傳

高商渤海人爲范陽太守聞兄開戰殁悲哭歐血病不能起扶杖乃行慕容儁召見謂左右曰自古友于之篤

未有如商者也　十六國春秋

李陽大俠士無不傾心爲幽州刺史當之職盛者一日詰數百家别　裴氏語林

羅騰字叔龍工圍棊獨步當時代而北平樂初少攜出與齊焉　燕書

崔悅與范陽盧諶並以博藝著名諶法鍾繇悅法衛瓘而俱習索靖諶傳子偃偃傳子邈悅傳子潛潛傳元伯故魏初特重崔盧之書　後魏書

東魏張亮與薛琡善琡夢亮于山上持絲席而告亮且占之曰山上絲是幽字君必爲幽州牧乎後果如之　三國典畧

郭四朝者燕人苻秦時得道爲玉臺執蓋郎　洞仙傳

燕人龎世爲光祿勳奏案豪强苛剋人物咸懼疾之及卒門無弔客時人爲之謠曰龎家巷車轔轔泥丸之日無弔賓弔賓不來何所因繇性苛剋寡所親　十六國春秋

盧昌衡字子均小字龍子沉靖有才識風神澹雅容止可法博涉經史工草行書從弟思道小字釋奴宗中稱英妙昌衡與之俱被推重故幽州語曰盧家千里釋奴龍子　北史

崔景眞爲平昌太守有惠政常懸一蒲鞭而未嘗用　齊春秋

盧廣范陽涿人晉司空從事中郎諶之後天監中歸梁位步兵校尉兼國子博士徧講五經時北來人儒學者

有崔靈恩孫詳蔣顯並聚徒講說而音辭鄙拙惟廣言論清雅不類北人 南史

范陽祖瑩八歲能誦詩書十二爲中書學生聲譽甚盛內外親屬呼爲聖小兒孝文聞之召入令誦五經章句并陳大義帝戲盧景曰昔流共工于幽州北裔之地那得忽有此子昶對當是才爲世生 北史

平恒字繼叔燕郡薊人安貧樂道不以屢空改操徵爲中書博士久之出爲幽州別駕廉貞寡欲不營資產衣食常至不足三子並不率父業好酒自棄恒常忿其世衰植杖巡舍側岡而哭別構精廬置經籍于中一奴自給妻子莫得而往酒食亦不與同時有珍美呼鄰老東安公刁雍等共飲噉之家人無得嘗焉 同上

天平中范陽盧景裕同從兄仲禮於本郡起逆齊神武免其罪置之賓館以經教授太原公以下大蒙恩遇 北史儒林傳

隋京兆杜公瞻嘗邀陽玠過宅酒酣嘲謔公瞻謂兄既姓陽陽貨實辱孔子玠曰弟既姓杜杜伯嘗射宣王毀內將軍牛子充衆推其機辯嘗謂玠曰君陽有玠恐不任厨玠曰君牛既充正可烹宰又見玠食芥菹曰君身名玠何得復喫芥菹對曰君既姓牛何得不斷牛肉太倉牛張纂在雲龍門與玠議理屈謂玠曰卿本無德量忽共叔寶同名玠抗聲曰爾既非英雄敢與伯符連諱太子洗馬蘭陵蕭詡有才辯嘗謂玠曰流共工于幽州易北恐非樂土玠曰放驩兜于崇山江南豈是勝地 錄

尚書晉昌王唐邕問諸省官曰卿等宜道本州寶物定州人以綾綺爲寶徐州人以魚鹽爲寶及至玠邕曰卿幽州人以何物爲寶答曰刺史嚴明文武奉法此幽州之寶也邕有媿色 談藪

突厥與中國交市有明珠一篋價値八百萬幽州總管陰壽白文獻獨孤皇后市之后曰非我所須也當今戎狄屢寇將士罷勞未若以八百萬分賞有功者 隋書

燕榮爲幽州總管性嚴酷范陽盧氏代爲著姓榮皆署爲吏卒以屈辱之嘗按部道次見叢荊堪爲笞捶命取之輒以試人人或自陳無咎榮曰後若有罪當免爾及後犯細故將撾之人曰前日被杖使君許有罪宥之榮曰無過尚爾况有過耶榜棰如舊 同上

元務光母者范陽盧氏女也少好讀書造次以禮盛年寡居諸子幼弱家貧不能就學盧氏每親自教授世以此稱之仁壽末漢王諒舉兵反遣將綦良徃山東畧地良以務光爲記室及良敗慈州刺史上官政簿籍務光之家見盧氏悅而逼之盧氏以死自誓政爲人凶悍怒甚以燭燒其身盧氏執志彌固竟不屈節 同上

開皇八年四月幽州人家以白楊木懸竈上積十餘年忽生三條皆長三尺餘甚鮮茂 隋書五行志

高開道作亂幽州矢陷其頰召醫使出之對以鏃深不可出則斬之又召一人如前對則又斬之又召一人曰可出然王須忍痛因鈹面鑿骨置楔于其間骨裂開寸餘抽出箭鏃開道奏伎進膳不輟 隋唐嘉話

河間邢文宗家接幽燕客稟性麤險貞觀中忽遇惡風疾旬日之間眉鬢落盡於後就寺歸懺自云近向幽州路逢一客將絹十餘匹迥澤無人因即劫殺猝遇一老僧文宗懼事發覺揮刃擬僧僧叩頭曰乞存性命誓願終身不言文宗殺之棄之草間經二十餘日行還過僧死處時當暑月視之若生文宗因下馬以策築僧之口口出一蠅直入文宗鼻久悶因得火病歲餘而死 冥報拾遺

高宗朝以太原王氏范陽盧氏滎陽鄭氏淸河博陵二崔氏趙郡隴西二李氏七姓其族望恥與諸姓爲婚乃禁其自相姻娶於是不敢復行婚禮密裝飾其女以送夫家 國史纂異

盧承慶字子餘幽州涿人典選校百官考有坐漕舟溺者承慶以失所載考中下以示其人無愠色更曰非力所及考中中亦不喜承慶嘉之曰寵辱不驚考中上其能著人善類此 唐書

天授中則天好改新字又多忌諱有幽州人尋如意上封云國字中或或亂天象請口中安武以鎭之則天大喜下制卽依月餘有上封者云武退在口中與囚字無異不祥之甚則天愕然遽追制改令中爲八方字後孝和卽位果幽則天于上陽宮 朝野僉載

唐范陽盧某母瑯琊王氏于景龍中撰天寶迴文詩凡八百一十二字誡其子曰吾沒之後爾密記之若逢大道之朝遇非常之主當以眞圖上獻至元宗朝東平太

守始上之高適代爲之表言其性合希夷體于靜默精微道本馳騖元關旁通天地之心預記休徵之盛循環有數若寒暑之遞遷應變無窮類陰陽之莫測果爾則王氏不但詞華巧思亦且未事先知又高賓氏一着矣而名不甚張豈非有幸不幸耶 五雜組

李遐周者有道術唐開元中嘗召入禁中後求出住元都觀天寶末祿山跋扈遠近憂之而上未悟一旦遐周隱去不知所之但于所居壁上題詩數章其末篇云燕市人皆去函關馬不歸若逢山下鬼環上繫羅衣燕市人皆去者祿山悉幽薊之衆而起也函關馬不歸者哥舒翰潼關之敗疋馬不還也若逢山下鬼者馬嵬驛名也環上繫羅衣者貴妃小字玉環馬嵬時高力士以羅巾縊之也其先見皆類此 明皇雜錄

開元中有幽州衙將姓張者妻孔氏生五子而卒後娶妻李氏悍戾虐遇五子日鞭捶之五子不堪其苦哭于母墓前母忽于塚中出撫其子悲慟久之因以白布巾題詩贈張曰不忿成故人掩涕每盈巾死生今有隔相見永無因匣裏殘粧粉留將與後人黃泉無用處恨作塚中塵有意懷男女無情亦任君欲知腸斷處明月照孤墳五子得詩以呈其父其父慟哭訴于連帥帥上聞勑李氏決一百流嶺南張停所職 本事詩

唐元宗時童謠曰燕燕飛上天天上女兒鋪白氈氈上有千錢時幽州又有謠曰舊來誇戴竿今日不堪看但看五月裏清水河邊見契丹其後祿山反 集異志

唐師夜光薊門人少聰敏雅尚浮屠氏遂爲僧居本郡僅十年盡通內典又有沙門惠達者家甚富貪夜光之學因與爲友是時元宗好神仙釋氏窮索名僧方士而夜光迫于貧不得西去心常怏怏惠達知之因以錢七十萬資其行且謂夜光曰師之學藝材用必爲明天子首拔沐浴恩渥可翹足而待然當是時必有擁篲子門幸無忘半面之舊夜光謝曰幸師厚貺得遂西上倘爲君之五品則以報師之惠矣夜光至長安因賂九仙公主左右得以溫泉命內臣選碩學僧十輩與方士議論夜光在選演暢元奧發揮疑義羣僧無敢比者上奇其辨詔賜銀印朱綬拜四門博士日侍左右賜甲第金錢繒綵以千數時號幸臣惠達遂自薊門入長安訪之夜光聞以爲收債于已甚不懌惠達悟其旨因告去旣已北歸月餘夜光恐其再來即寄書與薊門帥張廷珪近者惠達師至輦下誣公繕完兵革將爲逆謀人亦頗有知者以公之忠天下莫不聞積毀銷金不可不戒廷珪驚怒即召惠達鞭殺之後數日夜光忽見惠達來庭中謂曰我以七十萬資汝西上奈何誣謗使我寃死何負我之深也言訖遂躍而上捽拽夜光久之乃亡所見師氏家僮咸見之後數日夜光卒 宣室志

范陽盧獻卿大中中舉進士詞藻爲同流所推作愍征賦數千言時人以爲庾子山哀江南之亞諫議大夫司空圖爲之注 本事詩

盧景亮字長晦幽州范陽人爲右補闕朱泚反景亮勸

德宗曰陛下罪已不至則感人不深帝然之嘗劉治道之要著書上下篇號三足記 唐書

張藏英涿州范陽人自言唐相嘉貞之後唐末之亂也藏英舉族數十口悉爲賊孫居道所害時藏英年十六僅以身免後逢孫居道於幽州市引佩刀刺之不死爲吏所執節帥趙德鈞壯之捨而不問以備牙職藏英後聞居道避地關南乃求爲關南都巡檢使使至則徵服攜鐵撾匿孫居道舍側伺其出擊之仆於地齧其耳啖之遂擒歸設父母位陳酒肴縛孫居道於前數其罪號泣以鞭之臠其肉經三日剖取其心肝以祭詣官首服官爲上請而釋之燕薊間目爲報讐張孝子 悦生隨抄

劉濉援涿州兵數千歸朝法令齊整雞犬無遺時人以爲姦雄 國史補

李叔詹識一范陽山人語休咎必中兼善推步禁呪止半年忽謂李曰某有一藝將去欲以爲別所謂水畫也乃請後廳上掘地爲池方丈深尺餘泥以麻灰日没水滿之後水不耗具丹青墨硯先援筆叩齒良久乃縱筆毫水上就視但見水色渾渾爾經三日榻以禪絹四幅食頃舉出觀之古松怪石人物屋木無不備也李驚異苦詰之惟言善能禁采色不令沉散而已 酉陽雜俎

幽州從事温璉燕人也以儒學稱與瀛王馮道幼相善曾經兵亂有賣漆燈檠于市者璉以爲鐵也遂數錢買之累日家人用然膏燭因拂拭乃知銀也大小觀之皆歡喜璉憫然曰非義之物安可寶遂訪賣主還之彼曰

其自不識鬻于市郎中厚加酬直非強買也不敢復收璉固還之乃拜受而去別賣四五萬將其半謝之璉終不納遂施于僧寺冀祝璉之壽也當時罔不推服後官至尚書侍郎卒 劉氏耳目記

晉天福三年與契丹和欲遣輔相趙瑩桑維翰咸懼將命馮道與諸公中書食訖索紙一幅書云道去即遣人語妻子不復歸家舍都亭驛不數日即行北地寒甚契丹賜道錦襖羊狐貂衾各一每入謁悉服四襖夜宿館中并覆三衾賦詩云朝披四襖專藏手夜覆三衾怕露頭 叢苑

益州刺史張全養一駿馬甚保惜之惟自乘跨每令二人曉夕以專飼飲一日馬忽化爲婦人立于廐中左右遽白張公公親至察視婦人前拜而言曰妾本是燕中婦人因癖好馬每覩之必歎美其駿逸後數年忽自醉倒俄化成馬遂奔躍南走近將千里被一人收之以至君廐中幸君保惜今偶自追恨淚下入地神奏于帝遂命還復爲人思往事如夢覺公大驚異安存于家經十餘載婦人忽爾求還鄉張公不允婦人仰天號叫自撲忽復化爲馬突而出不知所之 瀟湘記

盧文進幽州人至江南李氏封范陽王嘗云陷契丹中屢入絕塞正晝方獵忽天色晦黑衆星燦然問蕃人云所謂笪却日也以此爲常頃之乃明方午也 南部新書

潘佑幽州人其母方娠夢古衣冠人告曰我顏延之也與夫人爲子及生七歲始能語曰兒誤傷白龍爲上帝

所罰也因吟詩云朝游滄海東暮歸何太速祇因騎折白龍腰謫向人間三十六後果以三十六歲死南唐書

吳王遣使遺太祖以猛火油曰攻城以油然火焚樓櫓敵以水沃之火愈熾太祖大喜即選騎二萬欲攻幽州后哂之曰豈有試油而攻一國乎因指帳前樹謂太祖曰此樹無皮可以生乎太祖曰不可后曰幽州城亦猶是耳吾但以三千騎伏其旁掠其四野使城中無食不過數年城自困矣何必如此躁動輕舉萬一不勝爲中國笑吾部落亦解體矣太祖乃止契丹志

漢雲臺功臣二十八人寇恂子翼上谷昌平人蓋延巨卿漁陽要陽人王梁君嚴漁陽安陽人幽州居其三魏高允作徵士頌合三十四人中書侍郎固安侯范陽盧

元子真河內太守下樂侯廣甯燕崇元畧上黨太守高邑侯廣甯常陟公山輔國大將軍從事中郎范陽祖邁征東大將軍從事中郎范陽祖侃士倫中書郎燕郡劉遐彥鑒中書郎上谷張誕叔術大司馬從事中郎上谷侯辯幽州居其八至于宋初五竇二宋二扈而外文則趙普呂餘慶呂端邊歸讜趙上交劉載劇可久武則趙贊劉廷讓高彥暉李懷忠田重進劉重進李瓊張暉馬全義劉審瓊張藏英董遵誨燕之人才亦可謂盛矣函山旅語

太宗親征契丹御製詩有鑾輿臨紫塞朔野凍雲飛之句遂命何蒙進鑾輿臨塞賦朔雲飛詩蒙得句云塞日穿痕斷邊雲背影飛又云縹緲隨黃屋陰沉護御衣召

對嘉賞授贊善 玉壺淸話

契丹旣有幽薊及鴈門以北亦開擧選以收士人幽州劉氏昆弟其名曰二元三嘏四端五常六符皆在被遇三嘏四端復尚僞主慶曆年秋三嘏攜孽妾偕一子投廣信軍情辭悲切自言僞主凶狠皆有所私久已離異今秋契丹主遍令再合僞主必欲殺其妾與子故來歸朝廷頗詢其國中機事言契丹方西伐元昊幽薊已虛我擧必克所謀凡七事朝廷以誓約旣久恐納之生釁乃遣還比三嘏至幽州其妻已先在矣乃殺其妾與子械三嘏送契丹主帳前以其昆弟皆方委任遂貸三嘏死使人監錮之 儒林公議

先公在燕山赴北人張總侍御家集出侍兒佐酒中有

一人意狀摧抑可憐叩其故乃宣和殿小宮姬也坐客翰林直學士吳激作詞云南朝千古傷心地還唱後庭花舊時王謝堂前燕子飛入人家恍然在遇天姿勝雪宮鬢堆鴉江州司馬靑衫淚濕同是天涯詞名人月圓聞者揮涕 容齋隨筆

汴梁宋時宮殿凡樓觀棟宇牕戶往往題燕用二字意必當時人匠姓名耳及金海陵修治燕都擇汴宮牕戶刻鏤工巧以往始知與廢皆定數此卽先兆也 癸辛雜識

范陽趙元天會間同知薊州事有賊殺人橫道官吏圍視莫知所爲路人耕夫聚觀甚衆元指田中釋耒而來者曰此賊也叱左右縛之遂伏僚吏問其故元曰偶得

于眉曉聞耳 金史

王啟字希畢大興人正隆二年進士章宗即位遷工部侍郎即以河南北路提刑使拜吏部尚書使宋使還出爲絳陽軍節度使致仕還鄉里與左丞董公參政馬公宣徽盧公尚書郭公爲九老會 中州集

趙質字景道遼相思温之裔大定末舉進士不第隱居燕城南教授爲業明昌間章宗游春水過焉聞絃誦聲幸其齋舍見壁所題詩諷詠久之召至行殿命之官固辭曰臣僻性野逸志在長林豐草金鑣玉絡非所願也上益奇之賜田畝千復之終身 金史隱逸傳

武清張潛幼有志節慕荆軻聶政爲人年三十始折節讀書時人高其行諡目曰張古人 金史孝友傳

宛平張孝善有子曰合得大定十二年三月旦以疾死至暮復活云本是良鄉人王建子喜兒而喜兒前三年巳死建驗以家事能具道之尚書省奏此蓋假尸還魂擬付王建爲子上曰若是則姦倖小人競生詐僞瀆亂人倫止付孝善 金史五行志

漁陽鮮于樞伯機於廢圃中得怪松一株移植所居傍名之曰支離叟名其齋曰困學又作霜鶴堂落成之日會者凡十有二人楊子構趙明叔郭右之燕公楠高彥敬李仲賓趙子昂子俊張師道石民瞻吳和之薩天錫 研北雜志

梁有字九思平章梁文節公之孫世居幽州之南城不求聞達教授生徒百餘人奉母至孝天曆間奉勅河南

北錄金石刻於濟州得漢刻九通于泗水之中共錄金石刻三萬餘通上進其副類爲二百卷曰文海英瀾又修續列仙傳二十卷 金臺集

按今濟寧州學宮尚存漢碑五通當即九思得于泗水者也

檇李顧淵白入京獻燕都賦翰長元公復初不喜曰今大朝四海一統六合一家燕蓋昔時戰國名何燕之稱慚恨而歸 輟耕錄

燕人王鐸字振之嗜古成癖慕米元章爲人以賂求爲襄陽令後果得之號王襄陽 研北雜志

房山高克恭彥敬有二琴其一後題金儒鳴玉唐大中五年處士金儒斲此琴其名鳴玉下刻高士談家寶藏

六字已爲人削去尚存書跡琴乃宣和御府故物後歸于金高士談者金人以與宋通被殺或者惡而去之其色赤如新栗殼斷文隱起如蛇蚹奇物也其一三足鼎峙皆美玉咸通中張鉞斲款用小篆精妙又有銘文漫漶不可識 雲煙過眼錄

李仲賓在燕爲太常令史太常官廨向爲大興獄聞有物怪往往能殺人時年少氣壯勇方秋初一夕守宿官舍一僕自隨亦以暑甚出外舍遂獨據炕酣寢至夜半忽房門軋然有聲而開驚覺則胸間憒悶若壓氣不甦醒極力微開目見一人黑色乘微月率率有聲而前旣進復退於是恐甚極力瞠目起坐則房門未嘗啟也頃之其人復來思有以禦之適無他物僅有皮靴一雙於

其前侯其稍近以靴擲之劃然有聲如雉鳴用手斜拉牕眼而去至鹿觀之其手拉牕處每牕眼皆圓竅數十破處皆如一紙雖破而不脫竟不知爲何怪也　癸辛雜識

聖朝建都燕山民物日富八九十歲翁朝廷優之歲時得升殿上上皇帝壽每大朝會百官衣朝服鞠躬以進覲班次惟謹毋敢越尺寸而諸耆老高幘博褐從容暇豫以齒後先門者不加誰何俟百官退乃陟峻陛承清光歸而娛嬉井陌大駕出宮則厖眉黃髮序勾陳環衛間見者咸曰樂哉太平之民也張進中居京師有年耆老之一一進中字子正善爲筆管以堅竹毫以鼬鼠極精鋭宜書人爭售之淇上王仲謀上黨宋齊彥吳興趙子昂皆與之善尚方時有所需非進中所爲者不用也進中自持筆以入必賜以酒年益高被璽書蠲其徭役至八十以終延祐七年葬宛平縣岡村　文翰類選

燕山項氏其夫江南人行賈燕薊間聘項與居未幾夫死項時年二十奉柩回江南誓以夫餘貲養姑以自終比至姑已攺適厲志孑居以守夫祀盱江李宗列閔其事而賦之詩曰少無依倚老何堪白髮婆娑亂不簪夢裏尚思江北好悔將夫骨葬江南　輟耕錄

姚文公爲承旨一日玉堂燕集聲伎畢奏有眞眞者操南音公疑而問之泣對曰妾建寧人西山之苗裔也父司筦庫於濟寧坐盜用官財賣妾以償遂流落倡家公憫之遣使白丞相三寶奴爲落籍且謂翰林屬官王棣

曰汝無妻以此女配汝吾即其父也貲裝皆出于公棣字棣華後官至翰林待制眞谷筆談

樊事眞京師名伎也周仲宏叅議嬖之周歸江南樊飲餞于齊化門外周曰別後善自保持樊以酒酹地曰妾若負君當劓一目謝君子亡何有權豪子來爲母所廹後周來京師樊曰非不保持卒爲勢豪所逼昔日之誓豈徒設哉乃抽金篦刺左目流血遍地好事者編雜劇曰樊事眞金篦刺目青樓集

宛平李通知音善歌其音屬羽如玉笙之吹璚館清而且潤名貫薊北又有王善甫俞允中俞景中靳士名梅景初皆宛平人劉彥達李時敬通州人王均佐遵化人嘯餘譜

燕京昔有一雄象甚大凡傷死數人官吏欲殺之不得已乃明其罪象遂弭帖就殺凡得象油四十八大甕癸辛雜識

昌平紅崖谷有茅菴修道者持行甚嚴深夜有美婦人叩門求宿時天寒道人憐而納焉婦動以言道人不爲亂移時婦腹痛產嬰兒于盆詰旦婦抱兒去道人惡盆中汚覆諸澗誤染左手及視之五指皆金復視澗際泥沙亦盡金色昌平州志

至元三年夏大都桑果葉皆有黃色龍文元史五行志

至元五年京師童謠云白雁望南飛馬札望北跳至正十五年京師童謠云一陣黃風一陣沙千里萬里無人家此皆詩妖也同上

元貞丙申秋大都南城武仲祥家有乳犬懷胎在脇下忽腫成瘡六七日後於瘡生五子色皆青蒼每當脊梁自項至尾生逆毛一道又數日瘡亦平復 輟耕錄

至正十一年京師齊化門東街一婦人生髭鬚長一尺餘 草木子

太宗在藩邸有風李秀者啟上某地貴不可言殿下寧有可葬者乎上怪其不祥曰無之秀曰固也第不知殿下乳母誰與上曰死矣藁葬于其原秀請更葬上從之其地去西山四十里平壤間卽聖夫人墓人呼妳母墳是巳 九朝野記

宣德七年賜御用太監王瑾銀記四曰忠肝義膽曰金貂貴客曰忠誠自勵曰心跡雙清又司禮太監金英范

弘各有銀記之賜景廟於興安王誠舒良輩亦有賜憲廟賜司禮太監譚昌牙記二曰忠誠不怠曰謙亨忠敬銀記一曰才華明敏石記一曰補袞宣化世廟賜司禮太監張佐銀記四曰集謀補德曰端忠誠慎曰輔忠曰勵忠賜麥福銀記一曰公勤端慎右皆見墓碑中國史所不載然則內臣膺賜者不止此矣 明朝典彙

正統末京師旱街巷小兒爲土龍禱雨拜而歌曰雨帝雨帝城隍土地雨若再來還我土地成羣譟呼不知所起未幾有監國卽位之事繼又有復辟之舉說者謂雨帝者與弟城隍者郕王再來還土地復辟也以謠爲有徵也 九朝野記

景泰二年王威寧越廷試時疾風吹其卷起失之因乞

他卷成文奏上登第後琉球國得其卷遣使入奏耳譚

中官阿丑善詼諧每於上前作院本頗有東方朔譎諫之風汪直用事勢傾中外一日丑作醉人酗酒一人佯曰某官至酗罵如故又曰駕至酗亦如故又曰汪太監來矣醉者驚廹帖然旁一人曰駕至不懼而懼汪太監何也曰吾知有汪太監不知有天子時王越陳鉞媚直結爲死黨丑復作直持雙斧趨蹌而行或問故答曰吾將兵惟仗此兩鉞耳問鉞何名曰王越陳鉞也上微哂焉朱永掌十二團營役兵治私第丑作儒生高吟曰六千兵散楚歌聲一人曰八千爭之不已丑徐曰汝不知二千在保國公家蓋房子上密遣尚銘察之保國即撤工成化末年刑政多頗丑於上前作六部差遣狀命精

擇之既得一人問其姓名曰公論主者曰公論如今無用次一人曰公道主者曰公道如今亦難行最後一人曰胡塗主者首肯曰胡塗如今盡去得上亦微哂而已

貂璫史鑑

成化間都下諺云韋英房梁芳馬尚銘銀子似磚瓦嘉靖間都下又有諺云滕太監房麥太監馬高太監金銀似磚瓦滕名祥御用監麥名福掌團營高名忠內官監監督諸工者宙載

平江伯陳睿好飲京酒京師諺曰平江不飲熱酒怕火篩弘治庚申火篩兵勢頗張孝廟遣平江禦之臨軒挂印平江畏怯失措跌而失印孝廟不樂詩竟以逗留削爵余臺紀聞

世廟宮人張氏無寵早卒後宮制凡殯者必索其身畔物得羅巾有詩以聞于上上傷之以宮監不早聞杖殺數人此庚戌年事都下盛傳之詩曰悶倚雕闌强笑歌嬌姿無力怯宮羅欲將舊恨題紅葉只恐新愁上翠蛾雨過玉階天色淨風吹金鎖夜京多從來不識君王面棄置其如薄命何耳譚

萬曆中京師風霾二十二見最甚者四十六年三月庚午空中有聲如波濤黃塵蔽天日色晦冥將昏東方電流如火赤光爍地少頃西亦如之又雨濛濛如霧霰土氣襲人綏寇紀畧

崇禎戊寅上於宮中鳴琴製於變時雍等曲取尚書語爲之內局造琴五百牀內監張姓者專主琴務遍訪知音之士客燕雜記

天啟中都下造有天鑒錄點將錄崔呈秀密以付魏忠賢遂流入宮禁按籍以罪錄中諸人至崇禎年枚卜閣臣一時大僚及臺諫相搆不休其不得與會推者因造爲二十四氣之目以搖惑中外其曰二十四氣者殺氣吳甡棍氣孫晉戾氣金光宸陰氣章正宸妖氣吳昌時淫氣倪元璐瘴氣王錫袞時氣黃景昉羶氣馬嘉植賊氣楊枝起悔氣王士鏛霸氣倪仁楨疝氣周仲璉糞氣房之驥痰氣沈維炳毒氣姚思孝逆氣賀王盛臭氣房可壯望氣吳偉業雜氣馮元飈濁氣袁愷油氣徐汧穢氣瞿式耜尸氣錢元慤各有諢號中間賢不肖參雜其指爲淫氣逆氣油氣穢氣者其後皆死國難天鑒點將

二錄傳抄者衆故不具錄錄此以備野史之闕云兩朝識小錄

崇禎十六年春京營巡捕軍夜宿棊盤街之西更初定一老人囑曰夜半子分有婦人縞素涕泣自西至東勿令過過者厄不淺雞鳴則免矣吾乃土神故以告也夜半果婦至軍如所戒不聽前五鼓偶睡熟婦折而東旋返儺邏者醒之曰我喪門神也上帝命我行罰此方若何聽老人言阻我災首及汝言畢不見邏者懼奔歸告家人言未終仆地死大疫乃作舉塲左右人鬼錯雜薄暮人屏不行一時貿易多得紙錢乃置水投之有聲則錢無聲則紙大疫定後乃已青燐屑

崔子忠青蚓工圖繪爲絶技人有欲得其畫者强之不可得山齋佛壁則往往有焉董文敏公謂其人文畫皆非近世所常見青箱堂集

京師瞽者李近樓藉錦衣千戶善琵琶能左右手彈新聲古曲無不絶妙平生羈愁哀怨及人已胸中事皆於鳴弦鐵撥發之令人髮上指淚交下忽作魚山梵唄泠然孤僧雲水復作蘇臺圍獵淒然百獸鳴嗥有言瞽者習琵琶穿被作二孔寒夜舒手出其中時時弄撥故幾于神若此耳譚

闍子明善圍棊下子十餘便知勝負所在終日對局令次第再布不差一子隆萬間爲京師第一次者爲方生其象棊則有張京局將半即懸定幾十着後當用其着取勝它如王國用之吹簫劉善初之擊鼓蘇宣之投壺

皆號一時絶伎　燕山叢錄

京師人以都城內外所有作對偶其最可破顔者如臭水塘對香山寺奶子府對勇士營王姑菴對韋公寺珍珠酒對琥珀糖單牌樓對雙塔寺象棋餅對骨牌糕碁盤街對幡竿寺金山寺對玉河橋六科廊對四夷館文官果對孩兒茶打秋風對撞太歲白靴校尉對紅盔將軍誠意高香對細心堅燭細皮薄脆對多肉餛飩椿樹餃兒對桃花燒賣天理肥皂對地道藥材香水混堂對醽醪酒館麻姑雙料酒對玫瑰灌香糖舊柴炭外廠對新蓮子衚衕奇味薏米酒對絶頂松蘿茶京城內外巡捕營對禮部南北會同館秉筆司禮僉書太監對帶刀散騎勲衛舍人　野獲編

日下舊聞卷三十九終

雜綴

燕之遊士泯子午南見晏子于齊言有文三百篇睹晏子恐愼而不能言客退晏子直席而坐廢朝移時在側者曰嚮者燕客侍夫子胡爲憂也晏子曰燕萬乘之國也齊千里之途也泯子午以萬乘之國爲不足說以千里之途爲不足遠則是千萬人之上也且猶不能殫其言于我況乎齊人之懷善而死者乎吾所以不得睹者豈不多矣 晏子春秋

昔人言有知不死之道者燕君使人受之不捷而言者死燕君甚怒其使者將加誅焉幸臣諫曰人所憂者莫急乎死已所重者莫過乎生彼自喪其生安能令君不

死也乃不誅 列子

燕簡公殺其臣莊子儀而不辜莊子儀曰吾君王殺我而不辜死人無知亦已死人有知不出三年必使吾君知之期年燕將馳祖燕之有祖當齊之社稷宋之有桑林楚之有雲夢也此男女之所屬而觀也日中燕簡公方將馳於祖塗莊子儀荷朱杖而擊之殪之車當是時燕人從者莫不見遠者莫不聞著在燕之春秋 墨子

齊之田單楚之莊蹻秦之衛鞅燕之繆蟣是皆世俗之所謂善用兵者 荀子

蘇秦相燕燕人惡之于燕王燕王按劍而怒食以駃騠 文選

燕昭使人入海求蓬萊方丈瀛洲 漢書

曹唐詩九天天路入雲長燕使何由到上方玉女暗
來花下立手援褭帶問昭王 小游仙詩

自魯商瞿子木受易孔子以授魯橋庇子庸子庸授江
東馯臂子弓子弓授燕周醜子家 漢書儒林傳

韓嬰燕人孝文時爲博士景帝時常山太傅嬰推詩人
之意而作內外傳數萬言燕趙閒言詩者由韓生韓生
亦以易授人燕趙閒好詩故其易微惟韓氏自傳之孝
宣時涿郡韓生其後也以易徵待詔殿中司隸校尉蓋
寬饒本受易於孟喜見涿韓生說易而好之卽更從受
焉 同上

易韓氏二篇詩韓故三十六卷內傳四卷外傳六卷說
四十一卷 漢書藝文志

論語有燕傳說三卷陰陽家者流鄒子四十九篇鄒子
終始五十六篇公孫渾邪十五篇法家者流燕十事十
篇縱橫家者流龐煖二篇兵權謀有龐煖三篇 同上

臣田謹按燕之人物若韓嬰周醜之傳經龐
煖繆蟣之用兵著於載記而譜地志者止及
嬰一人何也

班孟堅古今人表于燕昭王諸臣樂毅居三等郭隗四
等鄒衍五等于太子丹賓客高漸離居四等荆軻鞠武
樊於期皆五等秦舞陽六等其位置必有定見但燕王
喜以亡國抑之九等而王噲子之法堯禪舜可謂下愚
反列之七等何哉 劉上衣話

范陽盧克家西三十里有崔少府墓克微見麋舉弓射

巾之麾倒而復起充逐之不覺遠忽見一里門如府舍門中一鈴下有唱客前充問此何府也答曰少府府也充曰我衣惡那得見貴人即有人提襆新衣迎之充著盡可體便入見少府展姓名酒炙數行崔曰近得尊府君書爲君索小女婚故相延耳即舉書示充充見父手迹便歔欷無辭崔即勅內令女郎莊嚴使充就東廊充至婦已下車立席頭共拜三日畢還見崔崔曰君可歸矣女有娠相生男當以相還生女當留自養敕外嚴車送客復致衣一襲被褥一副充便上車去如電逝須臾至家家人相見悲喜推問知崔是亡人而入其墓追以懊惋居四年三月三日臨水戲忽見一犢車乍浮乍隱既上岸充往開車後戶見崔氏女與三歲男兒共載充

見之忻然欲捉其手女舉手止後車曰府君見人即見少府充往問訊女抱兒還充又與金盌別并贈以詩充取兒盌及詩忽不見二車處將兒還四坐謂鬼魅僉遙唾之形如故問兒誰是汝父兒逕就充懷衆初怪惡傳省其詩慨然歎死生之元通也充詣市賣盌高舉其價不欲速售冀有識者欻有一老婢問充得盌之由還報其大家即女姨也遣視之果是謂充曰我姨姊崔少府女未嫁而亡家親痛之贈一金盌著棺中今視卿盌甚似得盌本末可得聞否充以事對即詣充家迎兒兒有崔氏狀又似充貌姨曰我舅甥三月末間產父曰春煖溫也願休強也即字溫休溫休蓋幽婚也 孔氏志怪錄

昆田謹按孔氏所載與搜神記詳畧微有不

同故補錄之

漢幽州刺史朱君之碑君名龜石碎落不能詳其官閥其可考者嘗以御史中丞督捕益州蠻又爲幽州刺史禦鮮卑爾靈帝光和二年卒水經注云故吏別駕從事史右北平無終牟化中平二年造碑陰故吏姓名悉薊涿及上谷北平人 隸釋

魏承明元年九月幽州民齊淵家社樹結實既成一朝盡落茂葉復生七日之中蔚如春秋 鬟剔譚奇

隋東川釋慧雲范陽人十二出家年至十八乘驢至于叔家叔見其驢快將規害之適持刀往見東墻下有黃衣人揚拳逆叱曰此道人方爲通法大士何忍欲害叔懼告婦婦曰君無剛心眼花所致耳閒已復往又見西墻下黃衣人云勿殺道人若殺大禍交及叔怖乃止明旦辭往姊家叔又持刀送之告雲曰此路幽險故送師度難雲在前行正在深阻叔在其後揮刀欲砍忽見姊夫在傍遂得免害雲都不知雲後學問名德高遠至開皇中領徒五百來過叔家叔見闡化深慚昔釁乃奉絹十疋夫妻發露雲始知之 冥報記

張亮爲幽州都督於智泉寺禮拜見一大像相好圓滿遂別供養亮遇霹靂其堂柱迸木擊亮額角而不甚傷及就事禮像額見有破處事在冥報記又貞觀亡其像忽然繞頸有痕跡大如線焉時人咸以爲不祥未幾亮果以罪被誅其痕于今見在 冥報拾遺

范陽盧元禮貞觀末爲泗州漣水縣尉曾因重病悶絕

經一日而蘇云有人引至府舍見一官人過無侍衛元禮遂止此官人座上踞牀而坐官人曰侍者令一手提頭一手提脚擲元禮於階下良久乃起行至一別院更進向南入一大堂中見竈數十百口其竈上有氣藹然如雲霧直上沸聲喧雜有同數千萬人元禮仰視似籠盛人懸之此氣之上云是蒸罪人處元禮遂發願大語云願代一切衆生受罪遂解衣赤體自投於釜中因即昏然不覺有痛須臾有一沙門挽元禮出云知汝至心乃送其歸忽如睡覺遂斷酒肉三四歲後卒于洛 同上

幽州人劉交戴長竿高七十尺自擎上下有女十二甚端正于竿上置定跨盤猶立觀者不忍女無懼色 朝野僉載

張守珪以功加游擊將軍再轉幽州良社府果毅時盧齊卿爲幽州刺史深禮遇之嘗共榻而坐謂曰足下數年外必節度幽凉爲國之良[illegible]方以子孫相託豈得以寮屬常禮相期耶 舊唐書本傳

幽州石老者賣藥爲業年八十忽腹大十餘日不食惟飲水而已其疾猶扶持而行比明其子號泣呼四隣云適來有病白鶴入吾父室中吾父亦化爲白鶴同飛去矣遂指雲中白鶴擗地號呼人聚而觀之皆焚香禮拜節度使李懷仙差兵馬使朱希來驗見室中有穿紙格出入處遍問邑人四隣皆言石老化爲白鶴飛去翔翥雲間移時節度使賜絹一百疋米一百石與石老子家遠近傳石老得仙太乙宮道士良常著續仙傳備載石

老升仙事月餘其子與隣人爭鬬官中訊鞫乃爲分絹不平云石老病久其夕奄忽將終其子以木貫大石縛父屍沉于桑乾河水妄拈雲中白鶴是父州縣復差人檢驗于所説沉水處撈漉得屍懷仙遂杖殺其子 辨疑志

朱滔括兵不擇士族悉令赴軍自閱于毬場有士子容止可觀進趨閑雅滔召問之曰所業者何曰學爲詩問有妻否曰有即令作寄内詩援筆立成辭曰握筆題詩易荷戈征戍難慣從鴛被暖怯向鴈門寒瘦盡寛衣帶啼多漬枕檀試留青黛着回日畫眉看又令代妻作答曰蓬鬢荆釵世所稀布裙猶是嫁時衣胡麻好種無人種合是歸時底不歸滔遺以束帛放歸 唐詩紀事

昆田謹按計有功紀事標曰河北人而洪景盧萬首唐人絶句作幽州士子詩

鄭義宗妻盧氏幽州范陽人盧彦衡之女也事舅姑甚得婦道常夜有強盜數十人持杖鼓譟踰垣而入家人悉奔竄惟姑獨在室盧冒白刃往至姑側爲賊捶擊之幾至于死賊去家人問曰羣兇擾横人盡奔逃何獨不懼答曰人之所以異于禽獸者以其仁義也昔宋伯姬守義赴火流稱至今吾雖不敏安敢忘義且隣里有急尚相赴救況在于姑而可委棄萬一危禍豈宜獨生其姑云古人稱歲寒然後知松栢之後凋也吾今乃知盧新婦之心矣 舊唐書列女傳

韋雍妻蕭氏雍故太子賓客張弘靖鎮幽州日奏授觀

察判官攝監察御史時屬朝廷制置未備幽州俗本兇悍尤不樂文儒爲主帥賔佐習于常態忿其變通議論不容卒然起亂雍時家亦從刼蕭氏聞難號呼專執夫袂左右格去以死不從及雍臨刃蕭氏泠而告曰妾不幸年少義不茍活今日之事願先就死執刃者斷其臂而殺雍蕭氏辭氣不撓雖兇悍圖視無不嗟歎其夕蕭氏亦卒太和六年節度使楊志誠表明其事因降勅追封蘭陵縣君 同上

盧景亮言足食足兵而人才足用則天下不難理矣著論曰三足記 鶴林玉露

唐德宗朝有將尉遲青素善觱篥時幽州有王麻奴河北推爲第一手後訪尉遲令于高般涉調中吹勒部羝

曲曲終尉遲頷頤而已謂麻奴曰何必高般涉也卽自取銀字管于般涉調中吹之麻奴拱聽愧謝曰自此不復言音律矣 樂書

沙門道昭出家住太行山四十年戒行精苦往往言人將來之事初若隱晦後皆明驗嘗有客張氏不記名僧謂曰君愼不可食祿范陽四月八日得疾當不可救其年張赴選授虢州盧氏縣令到任兩日而卒果四月八日也人方悟范陽卽盧氏望云 前定錄

胡瓌范陽人工畫蕃馬雖繁富細巧而用筆淸勁至于穹廬什器射獵生死物靡不精奇凡畫駝馬騣尾人衣毛毳以狼毫縳筆疎渲之取其纎健也有陰山七騎下程控馬射雕等圖傳于世子虔有父風 圖畫見聞志

劉守光之僭號也莊宗遣太原少尹李承勳往使伺其釁端承勳至幽州見守光如藩方交聘之禮謁者曰燕王爲帝矣可行朝禮承勳曰吾大國使人太原亞尹是唐帝所授燕王自可臣其部人安可臣我哉守光聞之不悅拘留于獄數日而訊之曰臣我乎承勳曰燕君能臣我王則吾臣之吾有死而已安敢辱命會王師討守光承勳竟歿于燕中五代舊史

李匡威少年好勇不拘小節以飲博爲事一日與諸遊俠輩釣于桑乾河赤欄橋之側自以酒酹地曰吾若有幽州節制分則獲大魚果釣得魚長三尺北夢瑣言

幽州僧行均集佛書中字爲切韻訓詁凡十六萬字分四卷號龍龕手鏡燕僧智光爲之序契丹重熙二年集

夢溪筆談

龍龕手鏡三卷契丹僧行均撰凡二萬六千四百三十字注十六萬三千一百餘字僧智光爲之序後題云統和十五年丁酉晁氏讀書志

高益涿郡人工畫佛道鬼神蕃漢人馬太祖朝潛歸京師始貨藥以自給每售藥必畫鬼神或犬馬于紙上藉藥與之由是稍稍知名時太祖在潛邸外戚孫氏喜畫因厚遇益請爲圖畫未幾太宗龍飛孫氏以益所畫搜山圖進上遂授翰林待詔後被旨畫大相國寺行廊阿育王等變相暨熾盛光九曜等有位置小本藏于內府後寺廊兩經廢置皆飭後輩名手依樣臨倣又畫崇夏寺大殿善神筆力絶人有南國鬭象衛士騎射蕃漢出

獵等圖傳于世 圖畫見聞志

涿郡高益工畫道釋鬼神蕃漢人馬用墨重傳色輕變通應手不拘一態 圖繪寶鑑

吳九州燕人善畫鹿窮盡番鹿之態牛鹿馬鹿養茸退角老嫩之别無不曲盡其似 畫繼

燕京布衣常思言善畫山水林木求之者甚衆然必樂與即為之既不可以利誘復不可以勢動此其所以難得也 圖畫見聞志

契丹季年常勝軍校麗太保妻耶律氏詣燕山樂先生卜肆問命卦成樂驚曰平生所閱人無如夫人之貴非后妃不足以當之今服飾若此何也耶律笑曰吾夫一營卒耳近以微功方遷隊首猶未免饑寒安望王侯樂曰夫人不大貴吾當焚五行之書既而金人滅契丹首領兀术至燕見耶律氏美納之而殺其夫後封越國王妃妃方頤修頷明眸華髮權畧過男子兀术驚畏之先公在燕時熟識其狀予奉使日接伴使曰工部侍郎麗顯忠蓋耶律在麗氏時所生也 夷堅志

張維字正綸燕山三河人家君初出使至太原維以陽曲主簿館伴嘗言宣和乙巳同邑有村民頗知書以耕為業年六十餘一夕驚魘而覺戰栗不自持謂其妻曰吾命止此矣妻驚詰其故曰適夢行田間見道上有七騎内一白衣乘白馬怒謂我曰汝前身在唐為蔡州卒吳元濟叛我以王氏治塹為汝所殺我啣恨久矣今方得見雖隔世猶當償我命引弓射我心因顛仆而痦吾

必不免明日當遠竄以避此患妻云夢耳安足信汝妄思所致民益恐未旦而起其家甚貧止令小孫攜被欲往六十里外一親故家避之行草徑三十餘里方出官道又二里許遇數人同行忽有騎馳至連叱衆住行者皆止此民回視正見七騎内一白衣人騎馬宛如夢中所見因大駭絶道奔走騎厲聲呵止之不聽白衣大怒曰此黠可惡人遂鞭馬逐之引弓射必應弦而斃七人皆女眞也 同上

赤盞君實女眞人居燕城畫竹學劉自然頗有意趣 圖繪寶鑑

僧智海居燕中善畫墨竹學海雲禪師 同上

元之平宋也降表僉謝后名汪元量詩侍臣已寫歸降

表臣妾僉名謝道清是也元量別字水雲宋末以善琴供奉國亡隨三宮入燕久之請爲黃冠南歸藏有賜硯背刻天錫永寶四字八分書右刻水雲二篆字左刻楷書絶句云斧柯片石伴幽閒堪與遺民共號頑試憶當年承賜事墨痕如淚盡成斑其北征古詩云北師有嚴程挽我投燕京挾此萬卷書明發萬里行則硯必並載入燕以詩書授瀛國公皆此硯矣 改蟲齋筆疏

李嘉謨以鄉役部發歲運至元都常夜對月獨歌曰萬里倦行役秋來瘦幾分因看河北月忽憶海東雲夜靜聞隣婦有倚樓泣者明日訪其家則宋舊宮人金德淑也因過卬之德淑曰客非昨暮悲歌人乎李答曰昨所歌詩實非已作有同舟人自杭來每吟此句故能記之

爾德淑泣曰：此亡宋昭儀黃惠淸寄汪水雲詩。我亦宋宮人也，昭儀舊同供奉，極相親愛。今各流落異鄉，彼且爲泉下人矣。夜聞君歌其詩，不勝悽感。因言當日吾輩皆有詩贈水雲，乃自舉所作望江南詞（詞見第十八卷），歌畢又泣下。金姬別傳

古妓女多以雙字名，南齊則蘇小小，唐有薛瓊瓊、關盼盼、張好好、李端端、王蓮蓮、鄭舉舉、張住住、王蘇蘇、曹保保、張紅紅，宋有李師師、毛惜惜、楊愛愛、唐安安。至元入尙詞曲，靑樓得名者如趙眞眞、于盼盼、于心心、李心心、魏道道、汪憐憐、顧山山、馮六六、孫秀秀、荊堅堅、李當當，皆大都妓，餘未能悉數也。花南老屋歲鈔

孫秀秀，都下小旦色也，名公巨卿多愛重之。京師諺曰：人問孫秀秀，天上鬼婆婆。靑樓集

燕人何失，世以織紗縠爲業，與張進忠製筆齊名。失獨工詩，其燕都雜題詩云：一夜春陰徹曉寒，玉山無奈酒杯乾。靑娥知有愁多少，狠藉殘粧嬾對看。揭傒斯贈詩云：心事巢由上，文章陶阮間。其爲士大夫所重如此。宋元詩會箋

元人善畫者多，其在大都，山水則劉融伯熙、喬達達之、韓紹舉子華、高克恭彥敬、李希閔克孝，竹石則李衎仲賓、于士行遵道、張德琪廷玉、李有仲方、劉德淵仲淵及張敏夫、高吉甫、劉廣之，花果則謝佑之，人物則李士傳，傳寫則焦善甫、冷起巖，而浮屠羽士之善繪事者不與焉。粉墨春秋

壽達字達之燕人官至翰林直學士善丹青山水學李成墨竹學王庭筠後更學文同 竹派

李薊丘畫竹其初專學黃華老人見文湖州墨竹數十本皆以爲不佳且疑東坡山谷與湖州文字交特多曲筆過與也錢唐王子慶謂曰子所見皆非眞湖州筆耳持一幅示之竹凡五竿濃淡相依枝葉間錯轉折向背款側低昂各有態度于是叫絕深悔從前議論之非用油紙臨摹髣髴攜歸盡力學之又獲三本又得南唐李頗叢竹圖蕭協律筍竹圖參閱衆妙而後成家 六研齋筆記

至正二十五年夏五月大都雨毛長尺許或曰龍鬚也拾而祀之 草木子

范益精于醫脉元至正間爲大都醫官年七十矣有老嫗詣其門曰家有二女病欲延公往治之問其家何在曰西山益憚途遠以老辭曰可攜來就診耳嫗去良久攜二女至皆少艾益診之噩然曰何以俱非人脉謂嫗爾無隱當實告我嫗曰妾實非人乃西山老狐也知公神術能生吾女故來投今已覺露幸仁人憐之益曰濟物吾心也固不爾拒然此禁城中帝王所在百神訶護爾何得至此嫗曰眞天子自在濠州城隍社令皆移守于彼此間空虛故吾得出入益異其言授以藥嫗及二女拜謝去是時太祖龍潛淮右云 庚巳編

文皇在燕邸時嘗微行遇一相字者書帛字與之其人即跪拜稱死罪王驚問故對曰皇頭帝腳必非常人也

宇編

宣廟御筆山水人物花果翎毛草蟲上有年月用廣運之寶或用武英殿寶雍熙世人圖書 續圖繪寶鑑

韓秀實涿州人與商喜惟吉齊名畫人物亦佳尤善畫馬 同上

陳復啓鴻號坦坦居士燕山人長于畫山水松竹皆有矩度亦精寫照翁後啓先詩文書畫與兄齊名 同上

成化元年五月京師大風皇墻以西有聲如雨雹視之皆黃泥丸子堅淨如櫻桃大破之中有硫黃氣 可齋筆記

成化中京師黑眚見有物若狸或如犬其行如風倏忽無定或傷人面或嚙人足 震澤長語

成化丙申秋七月初旬京師黑眚見時坊巷細民家男女夜多露宿忽有物負黑氣一片而來或自戶牖入雖密室亦無不有至則人昏迷或手足或頭面或腹背被傷出黃水醒始覺傷亦不甚痛有見其狀者黑而小金睛修尾類犬狸滿城驚擾暮夜各持刀張燈自防凡有黑氣來輒鳴金鼙鼓以逐之兼旬始息 瑣綴錄

成化丁酉六月九日京師大雨雨中往往得錢王文恪鏊有詩紀事云蒼天似憫斯人困故向雲中撒與錢錢若了時民又困何如只賜與豐年 稗史彙編

孝宗皇帝嘗問一內侍云在京各衙門官每日早起朝參日間坐衙其同年同僚與故鄉親舊亦須讌會那得工夫內侍答云惟是夜間飲酒孝宗曰各衙門差使缺

人若是夜間飲酒騎馬醉歸何處覓燈燭今後各官飲酒回家逐鋪皆要籠燈傳送自是兩京皆然雖風雪寒凛之夕夜半呼燈未嘗缺云 四友齋叢說

大興劉公機爲諸生時畿郡有鷹神乃一獵鷹也一日飛止公宅奴以糍飼之偶不潔鷹攫其奴若懲之者居數月呼公名語曰劉機大貴人他日當坐八人轎至南京語巳飛去公後舉進士累官兵部尚書參贊南京機務如鷹語云 涉異志

陳指揮鐸善詞曲又善嘲諧居京師作月令記二月下曰是月也壁蝨出溝中臭氣上騰妓鞾化爲韈最善名狀鞾化爲韈更可笑也 客坐贅語

程篁墩沒後京師有雪夜祈仙者降筆云江山每日詩

重來白骨青燐事可哀吾黨莫憐清夢遠海東東去是蓬萊 才鬼記

徐州鄧玉田扶乩仙于都下降筆云勾漏山頭古洞天金堂玉室地相連門前千尺長松樹親手栽來不記年末書唐貞元道人 道聽錄

嘉靖六年六月十九日京師雨錢惟軍職官屋上爲多 稗史彙編

楊爵用直言繫獄暴風連作都城皆恐呼爲楊御史風 越章

寶應陶成字懋學畫花鳥人物最工中式赴南宮試二月五日語其壻朱升之曰聞張家灣某氏丁香盛開子其從我游乎升之曰去試僅三日公無往成不許明旦

升之他避成買輿徑去醉主人家五日及榜發升之登第其鄉人醵錢爲賀曰公女壻捷矣幸爲我輩作圖成曰善即舉筆畫丁香一本尤妙絕 稗史彙編

宛平劉副使效祖仲修以才見抑罷歸寄情詞曲小令可入元人之室如沉醉東風云東華路塵沙滾滾玉河橋車馬紛紛官高休羨榮命蹇須安分甚青山緊閉柴門閒把英雄細討論能幾個到頭安穩又一闋云門巷岫愛村居景致風流閒啜盧仝茗一既醉翁意何須在外旋栽楊柳池塘中新浴沙鷗半灣水繞村幾朶雲生酒朝天子云景陽宮曉鐘鳴珂巷玉驄總是南柯夢生來無分紫泥封機巧成何用捉霧拿雲攀龍附鳳這心腸無半種拄一條瘦筇引一個小僮沿村瞳瞧耕種又

一闋云喜碧山日親把銀魚早焚銷繳了功名分帖車鳩杖鹿皮巾也不讓黃金印晚景無多前程休問趂明時自在隱尋幾個故人團坐在蓽門嘗則把陰晴論入小山樂府中不能辨也昭陵嘗遣中使索其題冊呼曰念庵念庵副使別字也因賦詩云更生雙鬢已蕭騷敢謂文章擅彩毫過誤偶承明主問因緣不是鬱輪袍 蒓鱸詞話

燕人薛論道有林石逸興十卷皆雜曲也其玉抱肚云神仙無分且藏身烟村水村看白鷗撞破殘霞靠青山界斷紅塵清風明月共三人去住悠悠一片雲又一闋云淒涼時候聽征鴻蕭蕭過樓映疎簾明月冷冷走空階落葉颼颼教人腸斷淚交流屈指歸期又半秋律以

元音亦稱合作問之都中故老茂有知其姓氏者矣
上

魏忠賢柄權朝臣附之者以爲父忠賢日曰乾兒都人作百子圖演義嘲之其時獻媚者爭爲立祠自永恩祠一假而懷仁崇仁隆仁彰德顯德懷德昭德茂德戴德瞻德崇功報功元功旌功崇勳茂勳表勳感恩祝恩瞻恩德馨鴻惠隆禧內而中官外而封疆大吏丹黃土木徧于寰宇至杭州建于關壯繆岳忠武兩祠之間而國子監生陸萬齡請建祠于太學之側則無忌憚極矣聞逆祠小像有以沉檀塑者眼耳口鼻手足宛轉一如生人腸腑則以金玉珠寶爲之髻上空一穴以四時花簪之其可笑如是 兩朝識小錄

上虞倪公元璐爲祭酒時與温輔體仁忤將請告惠安鄭仰田者善坼字遇于官人席上初未通名取骰子中以緋飾四者予卜鄭曰京官四品而掌印者惟祭酒爾公其祭酒倪公耶公頷之曰公必與當事忤姓名中帶骨字者其人也蓋骰子骨所成而四面稜角不能刓圓以是知不合也又曰公意欲圖歸乎必得請矣骰體方類口四亦類口乃回字也後果然 字觸

萬曆丁亥金臺有婦人以羊毛遍鬻于市忽不見繼而都人身生泡瘤漸大痛死若甚衆瘤內惟有羊毛有道人傳一方以黑豆蕎麥爲粉塗之毛落而愈名羊毛疔 名醫類案

蘇秦事鬼谷子學終辭歸道乏困行以燕人蠡一傳食目給各解臧獲之裘 春秋後語

公行子之之燕遇曾元于塗曰燕君何如曾元曰志卑志卑者輕物輕物者不求助苟不求助何能舉 荀子

董遵誨世居幽州其母在契丹太祖令人賂邊民使迎其母送于遵誨遵誨遣外弟劉綜貢馬以謝上解所服真珠盤龍衣命齎賜之綜曰遵誨人臣豈敢當此上曰吾委以方面不此嫌也 隆平集

宣和中師復幽燕獲耶律德光所盜古寶玉尊形製與黃目等瑩然無少玷缺在廷莫知所用帝獨識爲周之灌尊乃詔禮官圜丘祭天之器仿古盡用吉玉 籀史

澤州李俊民用章舉承安五年進士第一金亡後其同年三十三人惟高平趙楠僅存又挈家之燕京俊民感舊游以詩題登科記後云試將小錄問同年風采依稀墮目前三十一人今鬼錄與君雖在各華顛又云君還攜幼去幽燕我向荒山學種田千里暮鴻行斷處碧雲容易作愁天錄中張孺卿介甫晁李中寶臣伯德維公理孔天昭文安王毅知剛趙鉄敬之皆中都大興府人 函山旅話

○元裕之寄書耶律中書薦當時士大夫在河朔者固安李天翼漁陽趙鑄燕人張舜俞曹居一王鑄且曰凡此諸人雖其學業操行參差不齊要皆天民之秀有用于世者也按虞文靖學古錄有田氏先友翰墨序稱彰德田師孟緝其先友手翰中有劉百熙字善甫曹居一字

通甫趙著字光祖俱燕人其稱著曰大俠按元集作鑄者字才卿別是一人也 同上

元人雜劇喬孟符有黃金臺沈和甫有燕山逢故人又無名子有燕山夢皆演大都舊事也 朔紀

唐設九科童子居其一員半千楊炯吳通元裴耀卿李泌劉晏皆由是舉宋則楊億宋綬晏殊李淑均以童子出身然漢有童子郎梁有童子奉車郎以童子拜官者古矣元童子科見于選舉志者一十六人仁宗延祐七年舉陳聃則大興人也 函山旅話

天順間錦衣衛都指揮門達怙寵驕橫凡忤之者輒嗾覘卒潛致其罪逮捕考掠由是權傾一時言者結舌其同僚袁彬質直不屈乃誣以重情考掠成獄內外冤之

莫或敢發京城有楊塤者戎伍之餘夫也素不識彬而爲之上疏曰正統十四年車駕北狩從臣奔散逃生惟袁彬一人特校尉之役乃能保護聖躬備嘗艱苦及駕還復辟授職酬勞公論稱當今者無人奏劾卒然付獄拷掠備至罪定而後附律法司雖知其枉不敢辨明陷彬于死雖止一夫但傷公論人不自安乞以彬等御前審錄庶得明白擊登聞鼓以進仍赴衛獄達因是欲盡去異己者乃緩塤死使誣大學士李賢指使塤佯諾之達遂以聞命中貴三法司鞫于午門前塤乃直述所言皆出于己於賢無預達計不行而彬猶降黜居第盡毀木幾英宗升遐言者劾達罪舉塤事爲證達謫死南丹彬得復舊職代達總衛事塤字景和父爲漆工宣德間

嘗遣人至倭國傳泥金畫漆之法以歸塡遂習之而自出己意以五色金鈿並施天眞爛然倭人見之亦齰指稱歎以爲不可及成化初修英宗實錄稱爲義士云東海集

節婦魏阿張大都路左警巡院咸寧坊人適魏明子蔓其夫不事家業取回回債銀二定將魏蔓監收貧夜掣鏁逃竄不知所往阿張父爲代還蔓有老母阿張孝養甘旨不闕十餘年後其夫還家復合生一子至元三年夫病故賃房以居其子七歲老姑年九十五歲依舊孝養本坊巷長朱進社長何常等具狀轉開詔加旌表以厲風俗 元典章

昆田按此則元時旌表節婦初不限年歲也

崇禎癸未京城大疫死者甚衆有全家數十口一夕俱斃者一人出買棺俾賣棺者同舁歸入室而買棺者忽不見始知亦鬼也日中市上所收錢審視則紙爲之乃各置水一盂於門市者令投錢于水以驗眞僞民間終夜擊銅鐵器以敺厲祟聲徹宮中上亦不禁命張眞人建醮禳之無驗識者早有黍離之歎矣 白頭閒話

漢地差發燕京見差胡丞相黷貨可畏下至教學行亦出銀作差發燕京教學行有詩云教學行中要納銀生徒寥落太清貧玉堂金馬虛景善明月清風范子仁李舍纔容講德子張齋恰受舞雩人相將共告胡丞相免了之時捺殺因此可見其賦歛之法 黑韃事畧

昔者燕相得罪于君將出亡名門下諸大夫曰有能從

我出者乎三問諸大夫莫對燕相曰噫亦有士之不足養也大夫有進者曰亦有君之不能養士安有士之不足養者凶年饑歲士糟粕不厭而君之犬馬有餘穀粟隆冬烈寒士短褐不完四體不蔽而君之臺觀帷𢅥錦繡隨風飄飄而弊財者君之所輕死者士之所重也君不能施君之所輕而求得士之所重不亦難乎燕相遂慙遁逃不復敢見 新序

燕莊侯佗左帶玉具劍右帶環珮左光照右右光照左 允余子

劇辛爲燕將與趙戰軍敗劇辛自剄燕以失五城 鶡冠子

燕昭王七年沐胥之國來朝有道術人名尸羅問其年

云百三十歲發其國五年乃至燕都善衒惑之術於其指端出浮屠十層高三尺諸天神人皆長五六分列幢葢鼓舞繞塔而又吹指上浮屠漸入雲裏又於左耳出青龍右耳出白虎 拾遺記

燕氏有二有姬姓之燕有姞姓之燕南燕北燕皆爲燕氏此與姓而同氏者漢有功臣宜城侯燕倉後漢中郎將燕瑗北齊有右僕射燕子獻唐有補闕燕欽融宋朝有龍圖閣學士燕肅望出上谷范陽 通志氏族略

薊氏邑名在燕地神仙傳有薊子訓 同上

漁陽氏燕大夫受封漁陽因以爲氏漢有少府漁陽鴻北平人 同上

王森原名石自然薊州皮工也路遇妖狐爲鷹所搏狐

我出者乎三問諸大夫莫對燕相曰嘻亦有士之不足
養也大夫有進者曰亦有君之不能養士安有士之不
足養者凶年饑歲士糟粕不厭而君之犬馬有餘菽粟
隆冬烈寒士短褐不全而君之臺觀帷簾錦
繡隨風飄飄而弊財者君之所輕死者士之所重也君
不能施君之所輕而求得士之所重不亦難乎燕相遂
慚遁逃不復敢見 新序
九參十
燕進侯佗左帶玉具劍右帶環佩左光燭右右光照左
十
劇辛爲燕將與趙戰軍敗劇辛自剄燕以失五城 [illegible]
燕昭王七年沐胥之國來朝有道術人名尸羅問其年

云百三十歲發其國五年乃至燕都善衒惑之術於其
指端出浮屠十層高三尺諸天神人皆長五六分列幢
蓋鼓舞繞塔而又吹指上浮屠漸入雲裏又於左耳出
青龍右耳出白虎 拾遺記
燕氏有二有姬姓之燕有姞姓之燕南燕北燕皆爲燕
氏此其後併而同氏名漢有功臣宜城侯燕倉後漢中郎
將燕殷北齊有石侯尉燕子獻唐有補闕燕欽融宋朝
有龍圖閣學士燕肅望出上谷范陽 通志氏族略
薊氏邑名在燕地神仙傳有薊子訓 同上
漁陽氏燕大夫安封漁陽因以爲氏漢有北海漁陽鴻
北平人 同上
上谷京谷石白谿薊州皮工也路遇妖狐爲溥所傳狐

求救于森森收之至家狐斷其尾相謝傳以妖香凡聞此香者心即迷惑娶有所見森依其術創爲白蓮教自稱聞香教主立大小傳頭會首名色此幸彼引雲合響應頂禮皈依蔓延徧于京東西山東山西河南陝西四川六省不下二百萬人撮合俚言謊說刊作經文分授徒衆萬曆四十七年死于獄 說畧箋

燕藩守府叅謀劉正卿坐事就死屬其孤于友人姜廸祿既籍没姜爲伸理其子達官怒其僭張弓擬之姜不少懼即裸胷以逆遂義而從其請自是姜以義烈聞燕趙間後折節從趙雲夢學非其義一介不取諸人丞相史公賢之以賓客禮焉姜世燕人子尚其字 秋澗集

元王文定惲陰先友記內曹居一逋甫盧武賢叔賢

王信信之李班晉伯皆燕人 函山旅話

清河崔廣宗開元中爲薊縣令犯盜張守珪梟其首形體不死昇歸饑即畫地作饑字家人進食于頸孔中飽即書止字家人等有過犯書令决之如是三四歲世情不替更生一男一日書地云後日當死如其言 廣異記

正德間朝廷開設酒館酒望云本店發賣四時荷花高酒猶南人言蓮花白酒也又有二扁一云天下第一酒館一云四時應饑食店 暖姝由筆

正德中錦衣衛千戶順天李雄西征陣殁遺孤五人子二曰承祖曰亞奴女三曰桂英曰玉英曰桃英諸子皆前妻所產惟亞奴後妻焦氏生焦欲圖親兒繼襲雄死令承祖往戰塲尋父骸骨覘其陷于非命而承祖竟抱

号以歸焦乃鴆死承祖支解而埋之又以桂英鬻豪家爲婢玉英頗知典籍年十六伶仃窮廹作送春詩云柴門寂寂鎖殘春滿地榆錢不療貧雲鬢霞裳伴泥土野花何似一愁人又作別燕詩云新巢泥滿舊巢欹泥滿疎簾欲掩遲愁對呢喃終一別畫堂依舊主人非焦指詩詞謂有外通等情俾舅焦榕執送錦衣衛誣以姦淫不孝擬凌遲嘉靖四年夏差太監審錄罪囚凡有事枉人寃許行陳奏于是玉英具本托其妹桃英賫奏訟寃有旨命三法司會勘焦氏論斬玉英着錦衣衛選良才作配爲玉英疏畧云臣年十二遇皇上嗣位遍選才人府尹以臣應選禮部憫臣孤弱未諳侍御發臣寧家臣年十六伶仃無倚是以濫形吟詠感諸身心寄諸筆札

蓋有不得已而爲言者奈何毋恩雖廣弗察臣衷但玩詩詞以爲外通拿送錦衣衛本官昧審事理誣臣姦淫不孝問擬剮罪臣在獄日久有欺臣孤弱而興不良之心者臣撫膺大慟獄中莫不驚惶臣素不才隣里何無糾舉乃以數句之詩尋風捉影陷臣死罪臣之死固無憾十歲之弟毒藥鴆死肢解埋棄果何罪乎臣母之罪臣不敢言凱風有詩臣當自責陛下俯察臣情將臣詩句付有司委勘有無淫姦寔情推詳臣母之心盡在不言之表則臣父母之靈亦可慰於地下矣其辭亦甚委曲尚盡雖載之國史列女傳無媿也查浦輯聞

會稽王冕北上燕薊縱觀居庸古北之勝主秘書卿達兼善家寫梅花張座間題詩云疎花箇箇團冰雪羗笛

吹他不下來見者皆齰舌 稗史集傳

盛啓東在吳時有內使督花鳥于東南常至其家病脹啓東療之而差既至北京過內使于途曰有太監某患脹無能治者急往安樂堂見之投以藥尋愈太宗游西苑太監病新起步往觀焉太宗遥望見之曰彼人當死久矣安得復生曰得吳醫盛啓東而生太宗喜曰明日與來啓東方散步長安門外中使傳曰宣吳醫盛啓東乃以平巾入見稱旨遂留之御藥房既而曰汝在朕左右平巾可乎乃授御醫一日與韓叔暘奕于御藥房上猝至不及屏曰誰與棊者對曰臣與韓叔暘問二人孰優曰臣優於叔暘遂命奕于前親觀之連勝者三因命賦詩有曰不材未解神仙着有幸親承聖主觀不數日

上賜象牙棋局并詞一闋棊留罷院中 震澤紀聞

京師娼女有高三者自幼美姿容昌平侯楊俊見之屬意因與之狎猶處子也昌平去備北邊數載高閉門謝客天順復辟昌平爲石亨所忌謂正統十四年駕陷土木昌平坐視不救爲不忠朝廷命斬于市親戚故吏無一往者高獨素服往哭親吮其血仍以絲連其首買棺殮之遂縊而死 寓圃雜記

京師北城有王翁者年七十餘無子買一妾年甚艾翁死遺言令改適而妾矢志不移翁瞑即不食日夕號慟乎縊死萬曆間事也 燕邸紀聞

曹植詩子丹西質秦烏白馬角生鄒羨囚燕市繁霜爲夏零 樂府詩集